KB208951

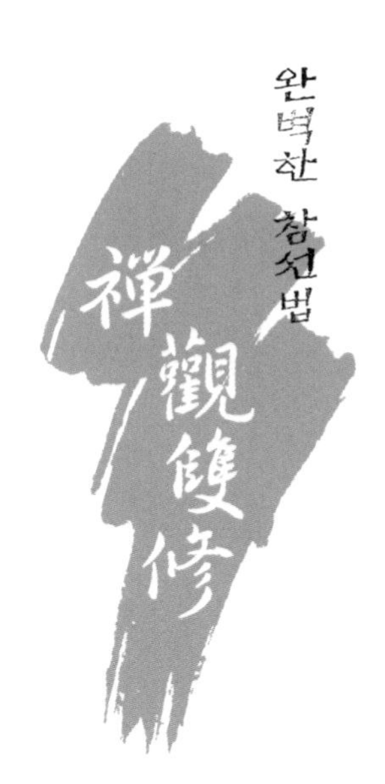
완벽한 참선법
禪觀雙修

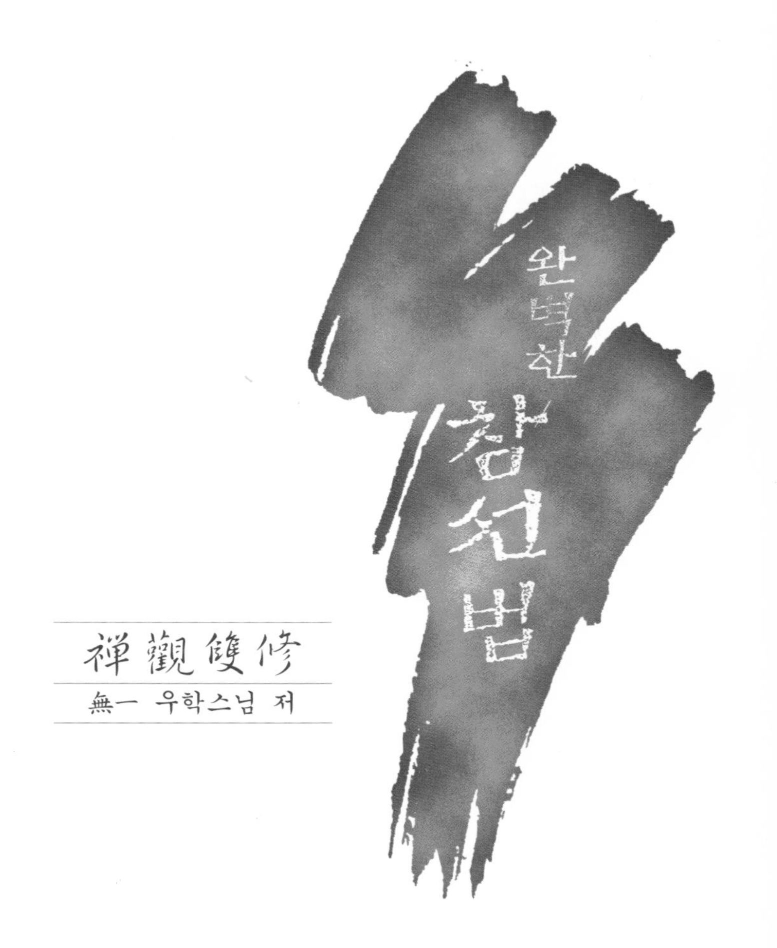

禪觀雙修

無一 우학스님 저

도서출판 좋은인연

머리말에
붙이는 글

참선(參禪) 수행의 체계성 부재에 대한 비판은 옛날부터 있어 왔다. 요즘와서 공론화되고 있을 뿐이다.

본 납승(衲僧)이 20대 중반, 막 총림선방을 기웃거리며 정진 흉내를 낼 때의 일이다.

점심 공양 후 휴식 중이었는데 법랍(法臘) 5-6년 되는 한 스님이 상판의 몇 고참스님들을 면전에 두고 아주 못마땅하다는 불만을 털어놨다.

"스님들이 우리 하판 스님들에게 가르쳐 준 게 뭐 있습니까?"

"경험담이 없으면 참선 방법이라도 제대로 가르쳐 줘야 되지 않습니까?"

주로 이런 유의 항변들이었다.

한참 지켜보던 청중(聽衆)소임을 맡아보던 어느 고참스님의 답변은 참으로 황당 그 자체였다.

"스님은 하판 중에서도 법랍이 제일 많은데, 그럼 스님은 후배들에게 지도해 준 게 뭐가 있느냐? 다 똑같은 형편에 뭐 그리 말이 많으냐!"

지대방 분위기는 썰렁해졌고 시비는 금방 일단락되었다.

그때 나의 마음은 그리 편치 못했다. 혈기왕성한 젊은 스님들의 구도열

을 충족시켜 줄 만한 내용 있는 대화는 아니었기 때문이었다.

납승은 최상승선이라 일컬어지는 **간화선**(看話禪) **수행법의 체계성 확보** 또는, 업그레이드된 간화선 수행법이 꼭 있어야 한다는 생각을 오래 전부터 가졌다.

여럿의 상좌를 받아들인 최근에 와서는 더욱 그 마음이 간절해져서 밤잠을 자지 않고서라도 반드시 해 버려야 속시원한 밀린 숙제가 되어왔다.

여기서, 참선 중에서도 굳이 간화선을 들먹거리는 것은 현재 한국불교의 대체적 분위기가 간화선 쪽이기 때문이다. 간화선 체계에 관한 사정은 지금도 크게 달라진 것이 없는 모양이다.

불교계 어느 신문을 보니, 설문조사에서 89%의 비구니 스님들이 간화선 수행의 단계별 방법이 너무 절실한 실정이라 답했다고 한다.

그러니 신도들의 경우는 더 말할 것이 없다. 최근 들어 시민선방을 들락거리는 재가(在家)불자들이 많다고는 하나 유감스럽게도 그 공부들이 전혀 체계적이지 못해서 자동차 헛바퀴 도는 듯하는 경우가 적지 않음을 본다.

아무튼 간화선에 있어서, 정립된 공부방법이 거의 전무함에도 불구하고, 시대흐름인지 어쩐지는 몰라도 참선에 대한 관심들이 부쩍 늘어나고 있음은 참으로 아이러니가 아닐 수 없다.

'이제는 이들을 바르게 이끌어' 줄 안내서가 절대적으로 필요하다. 이러한 안내서가 없다면 지금까지 그래왔던 것처럼 엄청난 시행착오를 거치면서 막무가내로 참선을 해볼 수밖에 없을 것이다. 그러다가 그것이 여의치 않으면 최근에 문제되고 있는 유사(類似) 수행법으로 고개를 돌릴 것은 뻔하다.

바로 이러한 점을 간과할 수 없어서 본 납승이 오랜 수련, 수행의 경험을 바탕으로 이 책을 내놓게 된 것이다.

납승은 한국불교대학과 大관음사를 운영해 오면서 1년에 꼭 한 철은 선방이나 토굴에 들어가 정진을 하는데 그것은 수행과 포교 둘 다에 긍정적 작용을 하는 것으로 느껴진다.

이 책은 바로 이와 같은 본 납승의 체험과 한국불교의 모든 수행 정서를 충분히 감안하였기 때문에 살아 있는 큰 소식이 될 것으로 믿는다.

이 책의 결론은 선관쌍수(禪觀雙修)의 참선 수행인데, 본 수련 과정에서 요즈음 수행자들이 대립되는 개념으로 생각하고 있는 간화선과 위빠사나의 수행에 대해서도 실참실수(實參實修)하게 될 것이다.

그리고 종래에는 이들의 통합적 묘미도 맛보게 될 것이다.

본 책은 수행의 난이도에 따라서 예비 단계, 본격 단계, 완성 단계로 나뉘어졌고 점차적으로 그 수행의 깊이를 더해갈 수 있도록 구성되어 있다.

갈 길도 먼데 더 이상 수행의 방법으로 갈팡질팡해서는 안 된다. 수행의 체계성조차 확보하지 못한 상태에서 수행의 내용적 본질을 논한다는 것은 어불성설이다. 그런데 유감스럽게도 지금까지는 그래왔다.

아무쪼록 이 참선 안내서를 통하여 깨달음의 큰 성과 있기를 바랄뿐이다.

이 책을 인연하시는 분들은 읽는데 그치지 말고 꼭 실참(實參)하시어 참선의 진수인 선관쌍수의 법열을 꼭 체험하시기를 재차 바라마지 않는다.

관세음보살 관세음보살 관세음보살

간화선법을 더욱 발전시킨 선관쌍수적 수행을 하면
다음의 열거한
12가지 큰 이익을 얻을 것으로 본다.

첫째, 깨닫는다.
둘째, 행복해진다.
셋째, 직관적 통찰력이 생긴다.
넷째, 일이 뜻대로 된다.
다섯째, 건강하게 산다.
여섯째, 자비심이 생긴다.
일곱째, 쉬이 늙지 않는다.
여덟째, 번뇌가 없어진다.
아홉째, 삶에 자신감이 생긴다.
열째, 포교 · 전법하게 된다.
열한째, 원력을 세우게 된다.
열두째, 주체적 인생관이 생긴다.

본 참선 책의 특징

가. 누구든 쉽게 수행할 수 있도록 일목요연하고 짜임새 있는 구성을 시도하였다.

수련(수행)안내, 수행지침, 수행기간, 수행문답, 수행그림, 수행예화

나. 단계별 수련을 제시함으로서 참선의 병폐인 막무가내식 공부를 지양하였다.

예비단계〔見道位〕 - 본격단계〔修道位〕 - 완성단계〔無學道位〕 - 심화응용

다. 성현들의 교화방법과 같이 이 마음공부가 실감이 나도록 수행문답에 많은 지면을 할애하였다.

라. 수행서의 딱딱한 면을 보완하기 위하여 수행그림 및 연꽃사진을 실었다.

마. 본인의 경험과 체험을 바탕으로 하였으며, 현재 한국불교의 여러 수행풍토도 충분히 감안하였다.

특히 화두선 전통에 역점을 두었다.

바. 실행점검을 수년간 해왔다.

선관쌍수의 단계별 수행의 구체성

타수행 위치 / 선관쌍수 과정	십우도 (十牛圖)	팔정도 (八正道)	육바라밀 (六波羅蜜)	성문4과 (聲聞四果)	화엄경 52 계위 (華嚴經 五十二階位)
예비단계 〔見道位〕	尋牛 見跡 見牛	正見	布施 持戒	須陀洹	十信 十住 十行 十廻向
본격단계 〔修道位〕	得牛 牧牛 騎牛歸家 忘牛存人	正思惟 正語 正業 正命 正精進 正念	忍辱 精進	斯陀含 阿那含	十地
완성단계 〔無學道位〕	人牛俱忘 返本還源 入廛垂手	正定	禪定 般若	阿羅漢	等覺 妙覺

책을 보는
순서

예비단계

[見道位]

본격단계

[修道位]

완성단계
[無學道位]

심화응용

예비단계

見道位(견 도위)

사바세계에 놓여진

인간들은 번뇌(煩惱) 뭉치다.

번뇌에는 근본 다섯 가지가 있는데 탐심(貪心), 진심(嗔心), 치심(癡心), 교만심(驕慢心), 의심(疑心)이 그것이다.

이 5번뇌가 원동력이 되어 중생의 몸을 이루고 이들이 합세하여 진토(塵土) 즉 티끌 세상을 만든다.

번뇌가 원인이 되어 불행하게 살아갈 수밖에 없다면 번뇌라는 종자를 녹여 없애 버리면 된다.

여기

예비 단계에서 소개하는 방법들은

꼭 불교인이 아니더라도 부담 없이 수행과목으로 받아들일 수 있을 것이다.

더욱이 불자라면 본격 단계와 완성 단계의 수련을 하는데 기초적 힘을 쌓는 공부가 될 것이다.

예비단계[見道位]의 수행위치

가. 수행의 방향을 잡음 – 견도위라 함

나. 십 우 도 – 심우 · 견적 · 견우

다. 팔 정 도 – 정견

라. 육바라밀 – 보시 · 지계

마. 성문 4 과 – 수다원

바. 화엄경52계위 – 십신 · 십주 · 십행 · 십회향

1. 시선 고정하고 뚫어보기

수련지침

흩어지는 의식을 고정하려는 노력은 예로부터 마음 닦는 수행의 큰 숙제였다. 일상사의 능률적인 면도 그렇겠지만 수행에 있어서 정신집중은 아무리 강조한다 하더라도 지나치지 않는다.

너무도 평범한 개념의 정신집중, 이를 삼매(三昧)니 정(定)이니 하는 말들로 고급화하여 쓰고 있는 현실이다. 이의 기초적 수련을 위해서 간단한 방법을 제시한다.

먼저 시선을 어느 한 부분에 가만히 두라. 그리고 끊임없이 응시하라.
자기 앞 1m 지점에 작은 점을 찍어 두고, 앉아서 시선을 집중하는 방법이 아주 좋다.

수련기간

- 1일간 또는 총 2시간 이상 수련할 것
- 한꺼번에 무리하지 말고 시간을 나누어서 여러 번 할 것

[A]

문 – 앉아서 정신을 집중하는 가장 일반적인 방법을 알고 싶습니다.

답 – 다리는 반가부좌 또는 결가부좌를 함이 좋습니다.

결가부좌는 왼쪽 발을 몸쪽으로 바짝 당겨서 바른쪽 허벅지 위에 갖다 놓습니다. 그 다음 오른발을 왼쪽 허벅지 위에 올려놓는 방법입니다. 물론 반대의 경우도 관계없습니다.

반가부좌는 한쪽 다리, 발을 자기 몸쪽으로 바짝 끌어 당깁니다. 그런 뒤 나머지 한 발을 먼저의 다리 위에 올려 놓는 방법입니다.

허리는 곧게 하고 손은 모아서 자연스럽게 다리 위에 올려놓으면 됩니다.

혀는 입천장에 갖다 붙이고 눈은 절대 감아서는 안 되며 1m 쯤 앞에 자연히 두면 됩니다.

좌복 즉, 방석은 대소(大小) 두 개를 사용하고 자기 체형에 따라 좌복 높이를 조절하여 수직의 몸을 유지토록 해야 합니다.

[B]

문 – 방 분위기나 복장은 어떻게 하는 것이 좋습니까?

답 – 너무 밝은 것도 좋지 않지만 깜깜해도 좋지 않습니다. 방은 화려하지 않은 것이 좋고 사람의 출입이 잦지 않아야 합니다. 옷은 가능한 한 헐렁하게 입어 피가 잘 통하도록 하는 것이 좋습니다. 참고로, 음식 섭취량은 포만의 8부 정도가 적당하고 일어날 때는 손바닥을 비벼서, 눈의 열을 가라앉힌다는 생각으로, 눈에 갖다대기를 서너 번 하고, 앉은 채 몸을 좀 움직인 다음 서서히 몸을 일으키기 바랍니다. 일어서서도 가벼운 체조를 하면 좋습니다. 장시간 앉아 있었을 때는 더욱 그렇습니다.

수련예화

초등학교 2학년 여식을 데리고 찾아온 젊은 어머니가 자기 아이를 가리키며 아이가 너무 산만하여 아무 일도 할 수 없다고 푸념을 늘어놓았다.

아이는 잠시도 한곳에 앉아 있질 못하고 어지러이 목탁을 두들기며 제멋대로 오르간을 눌러 대었다. 감당이 불감당이었다. 가만히 보니 그의 어머니 또한 정서가 불안하였다.

아이더러 사탕 하나를 주고 '시선 고정하고 뚫어보기' 수련을 시켰더니 의외로 잘 따라하였다. 칭찬에 신이 났는지 집에 가서도 곧잘 하였던 모양이다. 한 달쯤 지나서 다시 찾아 왔는데 얼른 보아도 성격이 다소 차분하여졌다.

그의 어머니에게 물어보니 공부에도 집중력을 보인단다. 어른과 아이를 같이 수련하게 하였던 것이 주효하였던 것이다. 산만한 성격을 어릴 때 교정하지 않고 방치하여 두면 나중에는 점점 힘들어진다.

사람의 성격형성은 주로 7세 이전에 이루어지는데 특별히 정서안정에 신경을 써야 한다. 물론 현재 드러난 모든 현상은 전생의 숱한 세월에 익힌 바와 관계가 있겠지만, 과거의 탓만 할 것이 아니라 현재 열심히 노력할 일이다.

잘못 익힌 습(習)은 수련과 수행에 의해 얼마든지 고칠 수 있다.

후일, **현재가 또 다른 과거가 되어버렸을 때** 지금의 현재가 그 미래 고통의 빌미거리가 되어서는 안 된다.

체험소감

2. 호흡 관 하기

수련지침

숨 쉴 때는 헐떡거리지 말아야 한다.

코끝의 들숨과 날숨을 정미롭게 살펴라.

날숨일 때는 날숨임을 관 하고 들숨일 때는 들숨임을 관 하라. '날숨', '들숨'을 속으로 되뇌이는 것도 좋다.

의자에 앉아서 하여도 관계가 없고, 더욱이 서서 수련할 수도 있다. 물론 걸어 다니면서 살펴도 관계없다. 가장 일반적인 방법은 좌복 위에 앉아서 하는 경우인데, 단정히 앉은 채 단전 호흡을 하면서 숨이 지나는 길까지 생각하면 더없이 좋다.

중요한 것은 숨을 잘 살피는 것이다.

수련기간

- 3일간 또는 총 6시간 이상 수련할 것.

[A]

문 – 저는 평소에도 숨을 많이 몰아쉽니다. 단전호흡에 대해서 구체적으로 알고 싶습니다.

답 – 단전호흡은 말 그대로 단전으로 숨을 쉬는 것을 말합니다.

단전호흡에 대한 상대개념으로는 복식호흡이니 흉식호흡이니 하는 말을 씁니다. 보통은 가슴이 들락날락하는 흉식호흡을 하는 것이 일반적입니다만 어머니 배속에 있을 때는 단전호흡을 합니다. 막 태어나서는 배가 들락날락하는 복식호흡으로 바뀌다가 차차 흉식호흡으로 자리를 잡는 것이지요.

그러니까 단전호흡은 생명 근원의 호흡법이라 할 수 있습니다.

단전은 배꼽 아래 4.5cm 위치에 있는데 단전호흡이라 하면 그 단전이 들락날락하며 숨을 쉬는 것을 말합니다. 단전호흡을 하면 숨이 길어지고 안정됩니다. 호흡은 코끝에 닭털을 붙였을 때 그 움직임이 없을 정도로 세밀해야 합니다.

[B]

문 – 단전호흡을 잘 하려면 어떤 자세가 좋은지요?

답 – 결가부좌든 반가부좌든 가부좌를 하게 되면 단전호흡은 저절로 됩니다. 그러므로 늘 반듯하게 앉는 자세가 중요합니다. 단전호흡을 더 세밀히 느끼려면 가만히 누운 채로 숨을 깊게 쉬어보세요. 분명히 아랫배가 움직일 것입니다. 좌복 위에 앉았을 때도 그렇게 되어야 합니다.

위에서 잠시 언급이 된 대로 가부좌를 한 상태에서 숨의 지나는 길까지 생각하면 수련이 좀 더 잘 됩니다.

호흡의 횟수를 같이 세면서 수련하는 것을 수식관(數息觀)이라 합니다.

다른 종교를 믿는 40대 중반의 한 아주머니가 찾아왔다. 병원 정신과에 한동안 다녔는데 그 쪽에서 신(神)병인가 싶었던지 절에 보낸 것이다. 벽에 걸린 그림을 보더니 겁난다며 눈을 찔끔찔끔 감았다. 그녀의 말대로 며칠이고 잠을 자지 못해서인지 눈은 충혈되어 있었고 얼굴은 부시시하였다. 얼른 보면 신기(神氣)가 있는 듯이 보였는데 신기는 아니었다. 스스로 술술 이야기를 늘어놓는데 말이 길었다.

남편은 중소기업을 운영하고 있으며 사업을 핑계삼아 집에 들어오지 않는 날이 많았다. 자식 둘은 모두 대학을 다니고 있는 중이고 가정사에서 다른 특별한 문제는 없었다. 단지 아이들과 대화가 잘 안 된다는 것이다.

아주머니는 그 나이쯤이면 찾아드는 갱년기 우울증이었다. 바쁘게 살면 생기지도 않을 병일 테지만, 어쨌든 팔자타령을 하면서 한숨을 길게 뽑는데 정신적 고통이 이만저만이 아니었다. 성격이 무척이나 내성적이었다. 불교적 해법이 있다고 하였더니 종교를 바꾸자니 무섭다면서 불교 이외의 처방을 요구하였다.

그래서 종교와는 무관한 '호흡 관 하기' 수련을 시켰더니 처음에는 무척 힘들어하였다. 2주 정도 지났을 때쯤, 오전 중에 호흡을 관하는데 갑자기 밝은 광명이 눈에 확 들어오더라고 했다. 그 뒤로는 잠도

잘 자게 되었다고 한다. 삶의 생기도 찾았다. 자괴감으로부터 해방을 맞은 것이다.

인간이 하는 일 없이 넋을 놓고 있어도 병이 생기는 법인데 자괴감에 자기정신을 빼앗기면 모두가 끝장이 나고 마는 것이다.

문제가 있다면 당연히 그 해결방법 또한 있다.

체험소감

3. 걸음 관 하기

수련지침

한 발 한 발 내디디면서 자신의 발이 나아감을 살펴라. 너무 빨리 발을 옮겨 딛는 경우에는 살핌을 놓칠 수 있다. 시선을 2-3m 앞에 두고 천천히 걸어라.

발이 땅에 닿는 순간을 특별히 관 하라. 그 느낌마저 관 하라. 가능하면 발바닥 전체를 동시에 붙이고 떼며, 팔자걸음은 좋지 않다.

남이 보기에 무엇인가 조심스럽게 사유하며 걷는 모습이 역력해야 한다.

수련기간

- 3일간 또는 총 6시간 이상 수련할 것

[A]

문 - 바쁜 시대에 느릿느릿 걸으면서 관하는 것이 무슨 이득이 있습니까?

답 - 정신적 이득은 차치하고라도 현실적 이익이 많습니다.

걸으면서 관하다 보면 뇌의 파동이 지극히 안정됩니다. 그래서 스트레스로부터 벗어납니다.

만일 걸으면서 그 느낌까지 살핀다면 모든 복잡한 망상에서 벗어나서 삶의 활력을 얻을 수 있습니다.

걸음으로써 얻는 운동적 효과는 더 말할 것이 없습니다. 걸음은 건강의 필수 조건입니다.

[B]

문 - 하루 몇 시간이 적당합니까?

답 - 하루 최소 1시간은 걸어야 합니다. 천천히 걸으면서 다리의 느낌 특히 발바닥의 닿임을 느끼는 수련을 장기적으로 하게 되면 성격이 아주 차분해짐을 스스로 알게 됩니다. 웬만한 일에는 흥분하지 않습니다. 감정 조절이 잘 된다는 말입니다.

한 처사가 찾아왔다.

당시, 나는 법회 중이었는데 요즘 사람답지 않게 머릿기름을 반질반질하게 바른 것도 재미있었지만 근 30분 동안을 법당 문지방이 다 닳도록 종종걸음으로 들락날락하는 모습이 웃음을 자아내게 했다.

그 거사와 부딪히지 않으려고 법문을 마치자마자 얼른 몸을 날려 내 처소로 향했는데 눈치도 빠르게 장삼자락을 잡고 따라붙었다. 적당한 공간에서 마주앉아 이야기를 하는데 그는 연신 눈꺼풀을 깜빡이며 초조해하는 모습이었다. 벽에 걸린 벽시계를 올려다보는 횟수가 잦아져서 다른 스케줄이 있느냐고 물었더니 그런 것은 아니라고 하였다.

자초지종 여러 이야기를 하는데 사람이 영리하고 빈틈이 없었다. 불안해하고 조급증을 잘 내는 것을 빼면 외관상으로는 큰 문제는 없어 보였다. 그런데 자신의 성격 때문인지, 가족들이 언제부터인가 자신을 따돌리는 것 같아 심적으로 괴롭다는 것이다. 소심한 것 같으면서도 경거망동하다는 느낌을 받았다.

아직 불심(佛心)은 없고 해서 '걸음 관 하기' 수련을 시켰다. 그리고 한달 후에 다시 오도록 하고 수행체크 용지 하나를 주었다. 약속날짜보다 며칠 앞당겨 왔길래 '아직 그 성질을 못 고쳤군요.' 하고 농담을 건넸더니 처사는 느릿느릿 걸어 보이면서 '이렇게 걸어왔는데도 조금 일

찍 도착했습니다.'하고 우스겟소리를 하였다. 처사는 차차 그 이상성격을 고쳐 지금은 아주 점잖아 보이는 영국 신사가 되어있다.

사람에게는 조급한 성질이 없을 수 없다. 당장 결과가 나타나야지 속이 시원한 것은 인지상정이기 때문이다. 그런데, **인과의 법칙은 다소 시간을 요할 때가 많다.** 사실 서두를 것이 전혀 없다. 모든 것은 원칙대로 돌아오기 때문이다.

답답하다고 할 정도로 느릿느릿 황소걸음을 걷는다고 하여 손해볼 것이 전혀 없다. 모든 것이 바빠야 살 수 있는 것처럼 보이는 이 시대에 우리는 걸음 관 하기 수련을 통하여 느림의 미학을 익히자.

체험소감

4. 일상 동작 및 감정 관 하기

수련지침

숟가락을 들 때는 그 드는 동작을 관 하고, 음식을 씹을 때는 입안에 든 음식을 관 하라.

그리고 앉을 때는 앉음을, 설 때는 섬을, 머리를 돌릴 때는 머리돌림을 관 하라. 자신의 모든 동작을 하나하나 세밀히 관 하는 일은 자기의 생각을 바로 그 현장에 잡아두는 일이 되므로 모든 수행의 기본이다.

느낌이 있을 때는 그 느낌까지 관 하라. 예를 들면 밥을 씹을 때, 그 밥맛까지 관 하라는 뜻이다.

수련기간

- 5일간 또는 총 10시간 이상 수련할 것

[A]

문 – 관하는 것 자체를 삼매라고 볼 수 있습니까?

답 – 예, 그렇습니다.

[B]

문 – 집착은 삼매가 아닙니까?

답 – 집착과 삼매는 다릅니다.

집착의 주인은 '나'가 아닌 상대입니다.

반면 삼매의 주인은 오직 '나'입니다.

[C]

문 – 좀 더 구체적인 말씀을 부탁드립니다.

답 – 집착은 억지와 괴로움이 수반됩니다. 끌려가기 때문입니다.

그러나 삼매는 재미와 자연스러움이 함께 합니다.

마음공부를 억지로 마지못해 하면 집착이요,

흔쾌히 하면 삼매가 됩니다. 모든 일이 그렇습니다.

[D]

문 – 어떻게 하면 매사에 삼매에 든 듯한 적극적인 마음을 가질 수가 있습니까?

답 – 어떤 일이 나에게 주어지면 '내가 하게 되어 참 좋다'하고 생각을 빨리 긍정적으로 정리해야 합니다.

마음 다스림의 근원적 수행법은 차차 익히게 됩니다.

수련예화

청년회 법회에 나오는 대학생 한 명이 특별히 상담할 것이 있다면서 자기 또래 친구를 데리고 왔다. 불교공부는 할만큼 했다는 그놈은 나를 만나자마자 거만을 떨더니 자기 자존심을 건드리는 얘기를 하면 신경질을 부렸다. 나는 다짜고짜 고함을 질러댔다.

"니깐 인간이 뭘 그리 잘 났노! 글 공부는 좀하는 지는 모르지만 그런 성질 가지고는 세상살이 많이 힘들겠구나. 니 성질 한 번 들여다봐라"

그놈은 선근(善根)이 있었든지 완전 무지랭이는 아니었다. 인상을 쓰면서 한참이나 고개를 갸우뚱거리더니,

"성질을 어떻게 들여다봅니까?" 하고 응수를 해왔다.

즉시 나는 "자기성질도 볼 수 없는 놈이 성질은 왜 그리 부리노. 화가 나거들랑 잠시 호흡을 가다듬고 곧바로 그 화를 가만히 들여다보아라. 상대하고 있는 사람을 볼 것이 아니라 니가 일으킨 화를 쳐다보라 이 말이야! 더 이상 얘기할 것이 없다."하고 강한 어조로 몇 마디하고 일어서 내 처소로 와 버렸다. 사실, 그놈은 매사 신경질이 나서 본인 스스로도 괴로우니 그것을 상담하러 온 것이었는데 적당히 한 마디 해준 것이다.

후일 한 번 더 찾아 왔는데 얼굴이 많이 펴졌다. 나는 그에게 '일상동작 및 감정 관 하기'에 대해서 일러주었는데 아주 만족스러워하였다. 그는 이후 자주 절에 왔고 신경질은 거의 없어졌다.

신경질, 짜증이 나면 그 심리 상황을 관찰하듯 지켜보라. 순간, **태양 만난 안개처럼** 사라지게 된다.

체험소감

5. 절하면서 숫자 세기

수련지침

절은 그 행위 자체로서도 큰 공덕이 됨은 말 할 필요가 없다.

나의 몸을 움직여 수억겁 찌든 마음의 때를 씻어내는 수행이 절이라면, 절은 많이 할수록 좋다.

그런데 절이 좀더 깊이 있는 수행으로 승화되려면 여기에 마음을 집중하는 수련이 필요하다.

그것이 곧 숫자세기다.

하나에서 백팔까지 세고, 다시 백팔에서 하나까지 세어라. 만일 이 수련이 잘되면 하나, 백팔, 둘, 백칠, 셋, 백육, 넷, 백오, 다섯, 백사…… 식으로 세어 보라.

정신을 차리지 않고는 잘 되지 않을 것이다.

수련기간

• 5일간 또는 총 10시간 이상 수련할 것

[A]

문 – 절하는 모습을 보면 제각각입니다. 절을 할 때 팔을 크게 벌려 가면서 하는 사람들이 있는데 그것이 맞는지요?

답 – 틀립니다. 팔을 크게 벌려 가면서 절을 해서는 안됩니다.

[B]

문 – 절하는 방법을 부탁드립니다.

답 – 절에서 하는 절을 오체투지(五體投地)라고 합니다.

먼저 합장한 채 허리를 굽히듯 무릎을 꿇고 손바닥을 자기 어깨 너비 정도로 벌려 바닥을 살며시 짚습니다. 발은 왼발등어리가 오른발바닥 위에 오도록 포갭니다. 그리고 이마와 팔꿈치는 바닥에 붙입니다. 그다음 바닥에 대었던 손을 뒤집어 귓전까지 받들어 올리십시오. 거기서 다시 손을 바닥에 짚고 상체를 들면서 합장한 채 두 발이 나란한 상태로 곧게 일어나면 됩니다.

[C]

문 – 절을 하는 또 다른 이유가 있습니까?

답 – 예. 절은 자신의 교만한 마음을 꺾고 마음을 비우게 합니다.

그리고 절은 몸과 입과 생각 즉 신(身) · 구(口) · 의(意), 삼업(三業)으로 익힌 업을 맑히는 수행입니다. 그리고 절은 척추를 튼튼하게 할 뿐 아니라 온 몸의 전신 운동 효과가 있어 신진대사가 좋아집니다. 궁극에는 정신 통일을 이루어서 망상에서부터 벗어나게 합니다.

한 남자 신도님이 하소연을 해왔다.
밤이 두렵다고 하였다. 남자가 왜 겁이 그다지도 많으냐고 하였더니 거사는 동문서답(東問西答)으로 밤이 되면 일거리가 너무 많아 과부하가 걸린다고 하였다. 하루 저녁에도 서울 부산을 수십 차례 뛰어다니고 만나는 사람도 수십 명은 된다는 것이다. 고래등같은 기와집을 수십 차례 새로 짓고 때려부순 후라야 겨우 잠이 든다는 것이다. 말하는 그 모습에 탐욕심이 덕지덕지 붙어 있었다.

"욕심을 좀 버리셔야 잠이 옵니다. 그 많은 짐을 안고 자자니 짐에 깔려서 잠이 오겠습니까?"

거사의 말이 걸작이다.

"참! 뭘 좀 하고 싶은데 그게 마음대로 잘 안되네요."

나는 절을 시키면서 숫자를 세게 하였다. 그랬더니 열을 넘기질 못하였다. 관세음보살을 똑바로 쳐다보면서 일체 다른 생각을 못하도록 주의를 준 다음 또 숫자 세기를 시도하였다. 그랬더니 숫자 스물은 겨우 넘길 수 있었다. 그 뒤 서너 번의 시도 끝에 숫자 쉰을 셀 정도가 되었을 때 좀 어려운 숙제를 내었다.

집에 가서 잠자기 전에 숫자를 세면서 절을 하는데 하나, 백

여덟, 둘, 백일곱, 셋, 백여섯…… 하고 세라고 시켰다. 뒷날 오더니 숫자 열 개를 못 세었다고 투덜대었다. 야단을 실컷 맞고는 열흘쯤 뒤에 그는 말했다.

"스님, 이제 잠이 잘 옵니다."

자기 그릇은 종지기밖에 되지 않는데 그 곳에다 큰 항아리 용량의 물건을 집어 넣으려고 하다보면 잡생각만 많아진다. **자기 능력, 분수껏 욕심을 부려야** 제대로 사는 사람이다.

탐심이 가득 차서 잠을 이루지 못하는 사람들은 '절하면서 숫자 세기' 수련을 해보길 바란다.

체험소감

6. 절관하기

수련지침

절을 하면서 절을 관 하는 수련이다.

엎드리면서 엎드림을 관 하고, 일어서면서 일어섬을 관 하라. 만일 숨이 헐떡거려지면 그 숨을 관 하면 된다.

가장 신경이 쓰이는 곳을 관 하는 일이 중요하다.

즉 절하는 동안 무릎이 아프면 그 아픈 무릎을 관 하고, 그 아픈 느낌이 심하여 절하기도 힘들다면 차라리 그 아픈 느낌을 관 하는 것이 좋다. 절하는 동안 가장 신경 쓰이는 곳을 관 하면 된다.

수련기간

• 7일간 또는 14시간 이상 수련할 것

[A]

문 - 꼭 절을 해야 수련이 되나요? 저는 관절이 좋지 않아서 도저히 안됩니다. 대체방법이 없나요?

답 - 절은 수련을 위한 수단이지 그것 자체가 목적은 아닙니다. 너무 그것으로 상심하지 말기를 바랍니다.

절 대신에 윗몸 일으키기를 해보시기를 바랍니다.

[B]

문 - 어떻게 관하나요?

답 - 절을 관 하는 것이나 마찬가지입니다.

몸을 일으키면서 일으켜지는 몸을 관 하고 몸을 젖히면서 젖히어지는 몸을 관 하시면 됩니다. 허리가 땡기면 허리를 관 하고 배가 땡기면 그 배를 관 하십시오. 아픔이 심하면 그 아픈 느낌 자체를 관 하면 됩니다.

신체 부위의 가장 신경이 많이 쓰이는 곳을 관 하다가 나중에는 총체적으로 관 하셔도 됩니다.

말 끝 마다 '지까짓 게 뭐'라며 아주 잘난 척, 거드름 피우기를 좋아하는 도반(道伴) 스님이 있었다. 세상수행은 혼자 다 하는양, 최고 어른으로 모시고 있는 방장(方丈)스님에게 마저도 보이지 않는 곳에서는 입에 담지 못할 비방을 일삼으며, 자기 존재를 과시하려 하였다. 말을 함부로 하다가 상판 스님들에게 핀잔을 듣는 날이면 온 대중 분위기가 어색해졌다.

쓸데없이 고함을 '꽥꽥' 지르면서 같은 스님들 앞에서도 도인 흉내를 내며 거만을 떨 때는 말 그대로 꼴불견이었다. 성정이 급하고 입이 거칠어서 대중들은 아예 상종하지 않으려는 분위기였다.

그저 그러려니 하기에는 도가 좀 지나친 일이 발생하여 한 번은 대중공사에서 경책(警責)을 받았다. 당시, 기강을 잡는 책임자인 입승(立繩)스님은 태권도, 유도, 합기도의 유단자로 운동을 곧잘 하는 스님이었는데, 그에게 3000배 벌을 내렸다. 겉으로 나타난 도반 스님의 속마음은 불편함이 이만저만이 아니었다. 자존심이 완전히 구겨진 그의 모습은 할 수도, 안 할 수도 없는 진퇴양난의 패잔병 꼴이 된 것이다.

그 선방에서 같이 살고 싶으면 반드시 내려진 경책을 달게 받아야 한다. 설령 딴 데로 간다 할지라도 그냥 도망가다시피 하면 그는 어디 있든 절 집안에 붙어 있는 이상 낙인찍힌 인물이 되고 만다. 그래서 어떤 경우든지 한번 내려진 경책, 벌은 받지 않으면 안 된다. 절 집안의 기강과 대중살이는 그러한 것들이 보이지 않는 힘이요, 화합의 기초이다.

나는 그 도반 스님을 산 속 포행(布行)길 조용한 곳에 불렀다.

"스님, 일체 원망하지 말고 어차피 받아야 할 경책이라면 수행의 시간으로 만드십시오. 스님의 행에 지나친 부분이 없잖아 있었습니다."

처음에는 얼굴을 푸르락 붉으락 하더니 곧 수용을 하였다. 나는 도반 스님에게 '절 관 하기' 수련을 권했다. 3000배 경책은 대중 스님들의 교대 감시 속에 무사히 끝났다. 그런데 희한한 일이 벌어졌다. 그토록 오만하고 건방스럽던 도반스님은 그 이후로 하심(下心)할 줄 아는 참다운 수행자가 된 것이다.

몇 수년 세월이 흐른 후에 어떻게 된 것이냐고 물었더니 '절 관 하기' 수련을 하는데 '잘났다.'고 으시댔던 자기를 그 어디에서도 찾을 수가 없었다는 것이다.

단 한 번의 수련을 통해서 새사람이 될 수 있는 수행이 여기에 있다.

체험소감

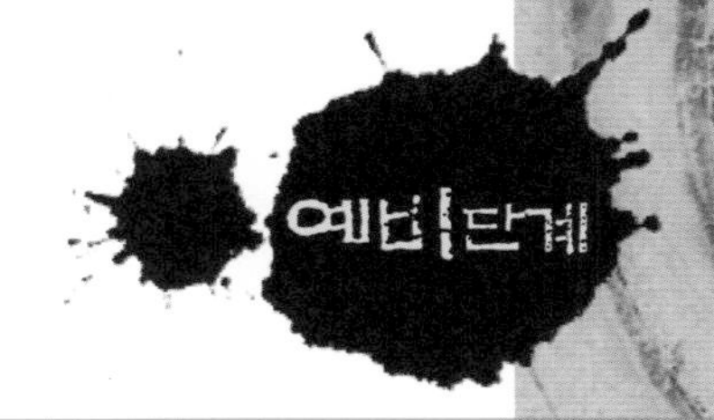

7. 염주알 관 하기

수련지침

아주 미세한 것을 관 하는 수련이다.

길을 걸을 때 염주를 잡고 그 한 알 한 알의 느낌을 관 하면서 천천히 걸어 보라. 세상의 모든 번뇌, 망상, 의심, 불안은 쉬고 마음의 고요를 얻을 것이다. 그 느낌이 관 해지지 않는다면 이미 생각은 멀리 외출하고 만 상태이다.

그 어떤 세상의 큰 일에도 아랑곳하지 말고 오직 염주알의 굴러감만을 관하라.

이 수련은 좌선의 상태에서도 무방하다.

수련기간

• 10일간 또는 20시간 이상 수련할 것

[A]

문 – 미세한 수련에서 염주가 좋은 이유가 있습니까?

답 – 그럴만한 이유가 있지요.

손바닥에는 오장육부의 모든 신경이 들어 있습니다. 그래서 수지침 같은 학문도 나와 있구요. 손바닥은 아주 예민합니다.

특히 심장과 직접적인 관계가 있습니다. 그래서 손바닥을 섬세하고 규칙적으로 자극하면 마음의 안정을 가져옵니다. 동양의학의 경락이론에서도 그렇게 말합니다.

아무튼, 그러한 마음 닦음의 도구로는 염주만한 것이 없습니다. 염주를 수행의 법구(法具)로 사용한 것은 선인(先人)들의 지혜입니다.

[B]

문 – 염주알의 크기는 얼마만한 것이 좋습니까?

답 – 손으로 잡았을 때 가장 편안한 굵기가 수행하기에 좋습니다.

[C]

문 – 염주의 길이는 얼마만한 것이 좋은지요?

답 – 항시 휴대하기가 편한 것이 제일입니다.

저 같은 경우에는 평상시에도 손목에 시계처럼 둘둘 감고 다닐 수 있는 108 보리수 염주가 있습니다. 그리고 걸망 속에는 굵은 밤알만큼 큼직한 박달나무로 된 염주도 있지요. 평상시에는 108 보리수 염주로 수행하고 먼 길을 걸을 때는 박달나무 염주를 돌립니다.

수련예화

이제 불교에 막 입문한 청년 불자가 있었다.
만행 중 시골 밤거리에서 만났는데 내게 초심(初心) 불자라고 소개하면서, 같이 길을 걷자고 하는 바람에 길동무가 되었다.

키도 훤칠하고 목소리도 묵직하여 사나이다운 것 같았는데 그 몸짓이 영 맘에 들지 않았다. 의심 많은 여우마냥 자꾸 뒤를 돌아보는 버릇이 있었다. '왜 그러느냐.'고 하면 누가 따라와서 해칠 것 같은 느낌이 든다는 것이었다. '길을 걸을 때는 앞만 보고 점잖게 걸음을 옮겨야 된다.' 면서 걸망 속에 여분으로 있었던 짧은 염주 하나를 건네 주며 '염주알 관하기' 수련을 시켰다.

그는 길을 가면서 자기 성격에 대해서 여러 이야기를 해주었다. 그 청년은 어릴 때부터 남을 의심하는 못된 버릇이 있었다고 했다. 형제가 둘 있는데 자기는 둘째로서 그 형제들마저 못 믿겠다는 것이다. 돈이라도 없어지면 먼저 형제들을 의심하게 되고 그때문에 다투는 일도 가끔 있었단다. 심지어는 부모님도 자기 일기장을 뒤져보는 것 같아서 기분이 나쁘다고 했다. 그러자니 친구는 물론이고 세상 모든 사람들을 불신하게 된다는 것이다. 그런데 최근에 와서는 스스로에 대해서도 믿음이 없어져서 사는 것이 불안하다고 하였다. '늙어서 치매가 걸리면 어쩌나.', '살다가 암이라도 걸리면 어떻하나.' 하고.

이런 경우는 피해망상증과 아울러서 자신을 포함한 모든 사람들을 믿지 못하는 편집성 성격장애가 같이 있어서 그렇다. 혹시 주위에 그런 이가 있다면 '염주알 관 하기' 수련을 권한다.

그 청년은 이 수련을 한 후 2년 정도의 시간이 지나자 그러한 인격장애가 거의 없어졌다. 물론 지금도 뒷편에 소개되는 본격 단계와 완성 단계의 마음공부를 부지런히 하고 있다.

삶에 있어서 적당한 장애는 오히려 마음공부에는 큰 도움이 된다.

체험소감

8. 관 하는 주재자 돌이켜보기

수련지침

지금까지의 일곱 단계의 수련은 관 하기였다.

그런데 예비 단계의 마지막 단계는 그 관하는 놈을 다시 관 하는 화두(話頭)적 수련이다. 화두란 삶에 있어서 문제의식이요, 자각의식이다.

길을 걸으면서도 걸음을 관 하는 동시에 '무엇이 관 하는고.'하고 생각하라. 밥을 먹으면서도 '밥을 먹는 주인공'을 궁구(窮究)하고 염주를 돌리면서도 '염주를 돌리며 관 하는 주재자(主宰者)가 무엇인고.' 하고 관 하는 그 주재자를 돌이켜 보라.

여기까지가 선관쌍수의 예비 단계이다.

수련기간

- 15일간 또는 30시간 이상 할 것

[A]

문 – 자기가 화두를 잘 잡고 있는지의 판단은 어떻게 합니까?

답 – 선지식을 찾아가서 점검을 받는 수가 있습니다. 그것이 여의치 않으면 스스로 점검해 보면 됩니다.

사람은 누구든 어떤 다급한 일을 당하면 정신이 혼미해지기 마련입니다. 그런데, 화두를 잡고 있는 사람이 그 다급한 일을 겪고 난 후 곰곰이 생각했을 때 그 당시에도 화두를 잡고 있었다면 마음공부를 잘 하고 있다는 증거입니다.

[B]

문 – 불교를 믿지 않는 사람도 참선 공부를 할 수 있습니까?

답 – 화두 챙기는 참선공부는 종교와는 전혀 관계없습니다.

자아발견과 영원한 행복을 위한 장치가 참선 공부에는 있습니다.

만일 종교적 교리 때문에 그 귀중한 공부를 놓친다면 자기 인생을 스스로 방임하는 '자기인생 직무유기죄'에 해당합니다.

공부할 수 있는 좋은 기회가 왔는데도 종교의 벽 때문에 그 기회를 잡지 못하면 천백억의 성현이 출현하여도 구제받지 못합니다.

예나 지금이나 신기(神氣)있는 사람들이 많다. 헛소리를 해대거나 뜬금없는 망발을 늘어놓아 주위를 당황스럽게 하는 경우를 자주 겪는다.

비정상적인, 정신 질환자들 가운데는 크게 두 종류가 있는데 한 부류는 뇌의 직접적인 이상이나 손상으로 인한 경우와 또 한 부류는 허공계에 떠도는 중음신(中陰神)이 빙의(憑依)한 경우이다. 전자의 경우는 반드시 의사의 치료를 받으면서 불교적 수행을 해야 하는데 후자의 경우는 조금 다르다.

만일 가까운 이웃들 중에서 정신이 정상적이지 않은 사람을 만나게 되더라도 무조건 절에 데려올 것이 아니라 먼저 병원을 찾아 정신과 진료를 받아볼 필요가 있다. 종교적 치료는 그때 해도 늦지 않다.

이런 일이 있었다.

산골 작은 오두막을 빌려 토굴 생활을 하고 있는데 화장을 아주 원색적으로 한 60이 좀 넘어 보이는 할머니 한 분이 찾아 왔다.

나를 보자 다짜고짜 "아이고, 달마 대사님 어디 갔다가 지금 오셨습니까? 불제자(佛弟子) 너무너무 기다렸습니다." 하고는 막무가내로 절을 해대었다. 나는 민망하여 황급히 그 자리를 피하였는데 그 뒷날 또 찾아와서는 아예 공양주 노릇을 자처하고 나섰다. 마침 빈 방이 하나 있길래 자기 하는 대로 내버려두었는데 얼마나 아는 체하고 말이 많은지 피곤하기 짝이 없었다. 전국 큰스님들의 이름은 어찌 그리도 많이 외우고 있는지 오히려 기특하기까지 하였다. 보통 때는 멀쩡하니 말도 점잖게 하다가 신기가 발동되면 어린 동자 소리를 내면서 '내가 화주(化主)를 해서 큰절을 지어주겠다.', '옥황상제에게 이야기를 해서 너를 도솔천으로 데려가주겠다.'는 등의 허무맹랑한 헛소리를 지껄여대었다.

나는 그 할머니에게 참선과 경전독송의 복합적인 마음공부를 시켰다. 처음에는 안하겠다고 땡강을 놓더니 못된 나의 성질과 기에 눌려 순순히 응하게 되었다. 두어 달 정도 지나자 신기의 증세가 차차 없어지면서 나중에는 야한 화장을 하지 않고도 살 수 있는 사람이 되었다.

그때 내가 그 할머니에게 가르쳤던 화두는 위 수련지침에서 언급한 '관 하는 주재자 돌이켜보기' 였다.

불교의 모든 수행은 자기 자신을 찾도록 가르쳐준다. 정법의 수행을 꾸준히만 한다면 세상은 그리 어렵지 않다.

자신이 반듯해지면 세상 전체가 반듯해진다.

체험소감

본격단계

修道位(수도위)

어설픈 사람들은

자기 유식(有識)의 잣대로 존재에 의미를 갖다붙인다.

그렇지만 그것은 만용이다.

존재는 존재 그대로 두어야지 어떤 개념으로 덧씌우면 그의 고유한 존재 가치는 금방 사라져 버린다.

그래서 나는 나일뿐이고 너는 너일뿐이다.

관세음보살도 그렇다

관세음보살에 대해서 더이상 의미를 붙이지 말라. 그냥 관 하라. 눈〔眼〕, 귀〔耳〕, 코〔鼻〕, 혀〔舌〕, 몸〔身〕, 생각〔意〕이라는 육근(六根)을 총동원하여 오직 그분을 친견하기만 하라.

여기 본격 단계의 수련은 기초 단계와 완성 단계로 가는 중간 과정이므로 철저히 닦지 않으면 안 된다.

본격단계〔修道位〕의 수행위치

가. 더욱 가일차게 정진함 – 수도위라 함

나. 십 우 도 – 득우 · 목우 · 기우귀가 · 망우존인

다. 팔 정 도 – 정사유 · 정어 · 정업 · 정명 · 정정진 정념

라. 육바라밀 – 인욕 · 정진

마. 성문 4 과 – 사다함 · 아나함

바. 화엄경52계위 – 십지

1. 관세음보살 직접 친견하기

그 아스라한 과거 날부터…….
시간을 느끼기 시작할 즈음 우리는 그분을 찾았다.

삶의 회한이 나아가야 할 그 길을 모질게도 뚝뚝 끊어 놓을 때에, 하얀 종이 위 먹물처럼 끝없이 밀려드는 어버이의 정과 같은 그리움의 속앓이로 밤새껏 몸부림쳤다.

그래서, 어린 시절 나의 추억은 수행이었다.
며칠째 씹던 껌을 눈 비비고 일어나자마자 얼른 떼내어 입에 넣는다. 찢긴 벽종이랑 씹어대어 똥이 되어도 차마 그것을 버리지 못하고 밥 먹을 때는 한 손에 그 껌을 들고 먹었다. 어떤 때는 양을 늘리려고 송진을 긁어 껌에 보태었다. 그렇듯 애지중지하였다.

한시도 잊을 수가 없었다.

그와 같았다. 기다림, 안타까움, 애틋함이 차라리 눈물로 응고되어 이름지어진 분이 관세음보살이시다.

마음속의 고향이신 분.
선도 생각하기 전, 악도 생각하기 전에 이미 함께 하시는 우주의 주인은 아무리 세월의 무게에 짓눌려도 존재, 낱낱의 추억 속에 너무도 잘 갈무

리되어 오늘을 지켜 오셨다.

내가 막 출가하여 그 동지선달 긴긴 밤을 염불로 지새우던 20대 초반 행자 시절의 영축산 계곡물은 얼음장 밑을 끊어질 듯 돌돌돌 겨우 흐르고 있었다. 세상의 그 숱한 번민(煩悶)은 토종 노송(老松)의 일렁이는 겨울 바람결에 날아가고 있었다. 무지 다행이었다.

어느날 밤이었다.

두둥실 오색의 뭉게구름 위를 사뿐사뿐 걷는 관세음보살님!

그 관세음보살님의 손을 고운 듯 잡고 따라붙던 어린 관세음보살님을 친견하게 되었다. 그 어린 관세음보살님은, 숙세(宿世)의 인연이었던지, 바로 나였다.

참으로 행복했었다.

그것은 꿈이었다.

관세음보살님의 한량없는 가피였다. 몽중가피(夢中加被)였던 것이다. 나 이제 관세음보살을 노래하고 예찬하리라 다짐하였다.

그날 새벽의 열림은 아주 특별했다.

지독히도 추위를 많이 타던 행자는 계곡 하얀 얼음장을 깨고 그 가늘게 흐르는 차디찬 물을 한 움큼 떠올렸다. 얼음 반 물 반이었다.

그런데 불가사의한 일이 일어났다.

행자의 손 안에 든 물 위에 하늘의 별들이 무수히 반짝이고 있었다.
그 별빛들은 예사롭지 않았다.
꿈 속의 관세음보살을 닮아 있었다.
아 관세음보살! 관세음보살!
나는 거기서도 관세음보살을 친견할 수 있었다.

관세음보살의 친견!

우리의 삶이 어버이로부터 비롯되었듯이, 뭇 생명의 참 행복은 관세음보살의 친견으로부터 시작된다는 것을 대번에 깨달을 수 있었다.

이후로 나는 한시도 관세음보살을 잊은 적이 없다.

모든 수행자는 나의 경우와 비슷한 체험들을 한다.
고향이 그리운 모든 수행자는 그 표현이 어떻든지간에 관세음보살같은 분을 찾는다. 그리고 친견한다.

깨달음, 진여, 성불, 부처, 대각, 주인공…….
이런 모호한 개념들을 구체화한 상호가 관세음보살이시다. 비록 그것이 형상일지라도 자주자주 관세음보살을 친견하라. 매일 매일, 매 순간 순간을 그 분과 함께 하기 위하여 노력하라.

법신은 자취 없으나 그 흔적을 나툴 때는 형상을 빌리지 않으면 안 된다. 어설픈 무상관(無相觀)을 가지고 내 앞에 계신 그분을 부정하게 되면 영원히 법신(法身) 자리를 증득(證得)하지 못 할 것이다.

세상의 모든 존재는 그 모습 만큼의 가치가 있다.
관세음보살을 친견하면 할수록 우리는 점점 행복의 일주문(一柱門)에 가까이 다가서게 될 것이다.

우리는 누구든 행복할 수 있다.

수행지침

가. 바르고 순수한 마음으로 관세음보살님을 친견할 것

나. 가능한한 부처님 가까이 가서 자비의 존안을 세밀하게 관찰하듯 쳐다볼 것

다. 부처님 미소 닮아 자주 미소 지을 것

라. 자기 집 어디에고 관세음보살 사진을 붙여놓고 자주 친견할 것

마. 수첩에 관세음보살 사진을 넣고 다닐 것

수행기간

- 2일간 또는 총 4시간 이상 수행할 것

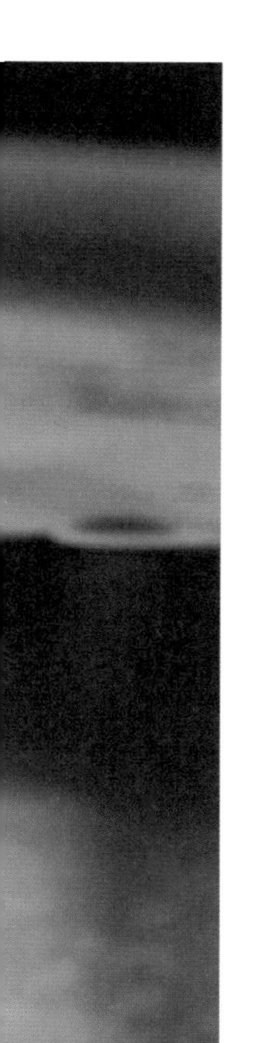

[A]

문 – 다른 부처님도 많이 계신데 하필이면 왜 관세음보살인가요?

답 – 가장 따뜻하신 분의 표상이기 때문입니다.

관세음보살은 원력이 크시고 자비심 또한 절대 무한하십니다.

[B]

문 – 진짜 부처님과 관세음보살과의 관계는요?

답 – 그 분이 그 분입니다.

법신불을 어머니처럼 부를 수 있는 이름이 관세음보살입니다. 예를 들어, 아이 있는 여자가 있다면 그 여자는 본 이름으로 불릴 수도 있지만 어머니라고 불릴 때가 있지요. 여자로 태어나서 그 때가 가장 거룩하고 위대한 존재가 되는 것입니다.

부처님을 그 위대한 어머니에 비유하여 부르는 이름이 관세음보살입니다.

[C]

문 - 다른 부처님은 안 되나요?

답 - 안 될 것은 없습니다.

그러나 최상을 택하는 것이 좋습니다. 다른 부처님 이름들은 특수성은 있어도 일반적 가치는 부족합니다.

중생은 다 철모르는 어린 아이와 같습니다. 어린 아이는 어디 아파도, 배가 고파도, 위험한 일을 만나도 어머니만을 부릅니다. 어머니는 내 모든 것이기 때문입니다. 관세음보살이 바로 그러한 분이십니다.

체험소감

2. 관세음보살 머릿속 챙기기

수행안내

수련되지 않은 중생의 마음은 천방지축 이리저리 나부대는 원숭이와 같다.

기차 몇 번 타보지 않은 시골 촌놈이 초등학교 수학여행을 서울로 갔는데 그 때 창경원에서 처음 원숭이를 보았다. 이 나무 저 나무 바쁘게 돌아다니는 그 꼴들이 얼마나 우습던지 어린 나이에 배를 움켜잡고 한참이나 깔깔대었다.

후일 마음 공부를 한답시고 참선을 하다보니 정작 비웃음을 받아야 할 존재는 '나'라는 것을 느꼈다.

처음 절에 들어오니 고참 스님들의 얘기가 그럴 듯하였다. '참선을 하면 생사를 자유자재할 수 있어. 글공부 따윈 소용없어!' 그리도 간단한가 싶어 송광사 선방에 다짜고짜 방부를 들였다.

방장스님으로부터 화두를 탔는데 밤낮을 정진한답시고 앉았다가 사흘 후 염화실을 다시 두드렸더니 스님께서는 기가 차시는지 '망상꾼'이라고 하셨다.

세월이 흐른 후 알음알이가 지혜가 될 수 없다는 것을 깨달았을 때는 스님은 이미 사바세계를 떠나셨다.

오로지 하나만 생각하는 것이 쉬운 것 같은데 제일 어려운 것이 또한 이것이다. 오로지 '일념!'
마음공부의 가장 요체는 당장 자기에게 주어진 그 순간만을 챙기는 것이다. 과거니 미래니 하는 잡다한 것들을 쫓아다니다가 하루해가 저물면 그것을 누구에게 보상받을 것인가.

관세음보살을 머리 속에 떠올려라. 오직 관세음보살을.
그리고 관하라. 분명히 관해야 한다.

세상은 지극히 단순하다. 복잡하지 않다. 이리저리 날뛰는 잡동사니 그 생각만이 복잡할뿐이다. 앉은뱅이가 용쓰듯, 하는 일 없이 드러누워 온갖 잡다한 망상을 피우다 보면 그것이 노이로제가 되고 신경성 병이 되어 스스로 인생이 괴로워진다.

망상도 그렇거니와 망상의 대상도 실재하지 않는다. 실제로 존재치 않은 것들을 두고 집착하니 병이 될 수밖에 없다. 한순간 한순간 관세음보살을 챙길 일이다.

오히려 해결은 간단한 데서 이루어진다.

행복의 열쇠는 내 앞에, 내 머리 속에 또렷이 나투신 관세음보살의 한량없는 미소 속에 있는 줄 알아야 한다.

지금 당장이 중요하다. 관세음보살을 관 하라.

당장 이 찰라에 충실하라.

수행지침

가. 늘 긍정적인 마음을 갖고 관세음보살을 생각할 것

나. 또렷하게 떠올리며 관 할 것

다. 쓸데없는 말을 줄이고 구업(口業)을 짓지 말 것

라. 결상에 앉아 수련하는 것도 무방하나 가능하면 좌복 위에 앉아 면벽(面壁) 할 것

마. 관세음보살의 이미지가 떠오르지 않으면 준비해둔 사진을 꺼내볼 것

수행기간

• 3일간 또는 총 6시간 이상 수행할 것

[A]

문 – 일상 생활중에 어느 때 '관세음보살 머릿속 챙기기' 수련을 하면 좋은지요?

답 – 지하철이나 버스, 택시, 열차 등을 탔을 때 수행하면 아주 좋습니다. 특히 장시간 차를 타고 있는 동안은 뇌파가 지극히 안정되어 수행이 잘 됩니다.

[B]

문 – 관세음보살을 외우면서 관 하는 것은 어떤지요? 잡념이 많아서요.

답 – 그렇게 하시길 권해 드립니다. 막연히 관세음보살만 챙기다보면 망상이 금방 치고 들어옵니다. 속으로 '관– 세– 음– 보– 살' 하고 천천히 되뇌이면서 관 한다면 공부가 더 잘 되지요.

체험소감

3. 관세음보살 관 하며 절하기

막 입산(入山)하여 행자 신고식으로 삼천배를 한 후부터 머리카락이 히끗히끗해진 여지껏 세월 동안 절은 내 수행 생활의 일부가 되어왔다. 개인 이름으로 등록된 은행 통장 하나 없지만 좁은 이마를 넓은 땅에 붙여 절할 수 있음은 참으로 큰 복이었다.

오랜 세월 전, 어느 날 큰 법당 부처님 전에 절을 올리다 슬그머니 환희심이 일어 덩실덩실 춤을 추었다. 그리고는 별 것 아닌 한 가지를 작심하였다. 이 육신의 옷이 낡아 떨어져 새 옷으로 갈아입는 그 순간까지 매일 108배를 생활화하리라.

그 뒤로 나는 이 약속을 지켰다. 만행(萬行) 중 수십 리 길을 걸어 발이 불어터져 신음하던 객실방 한 켠에서도 오체투지(五體投地)의 몸놀림은 빼놓을 수 없는 숙제였다. 그것은 즐거운 일이었다. 날씨가 흐린 날에도, 눈비가 오는 날에도 오뉴월 삼복 염천 작열하는 태양 아래에서도 절하는 것이 그냥 좋았다.

아마 이런 일을 두고 '부처님과 숙세(宿世)의 인연'이라고 말할 수 있을 것이다.

그러고 보면 나는 천상 수행자일 수밖에 없는가!

어쨌든, 세상에서 가장 편안한 시간은 관세음보살님을 쳐다보며 절을 할 때이다. 모든 망상은 육신의 일렁거림에 쉬고, 차츰 차츰 주인공의 따뜻한 품에 안겨든다. 그분을 위해 부지런히 예경(禮敬)을 드리는 모습이었지만 그것은 자신을 위한 불공(佛供)도 포함하고 있었다. 그분의 자비는 부실하게 타고난 사대육신(四大肉身)에 내리고 있었다.

한 번, 두 번…… 절 숫자가 늘어나면 찌뿌둥한 몸은 금방 날아갈 듯 가볍고 눈에는 착한 기운이 돈다.

'스님은 절하는 것이 하나도 힘들어 보이지 않으세요.'하며 억지로 따라하던 신도님들도 금새 기운을 되찾은양 눈을 반짝거린다.

유명한 세계적 요가학자 '젠스휴이트'는 말한다. '절은 모든 요가의 집대성'이라고. 그러니 절은 인상쓰고 할 이유가 전혀 없다. 설령, 인상쓰며 억지로 한다 하더라도 한만큼 덕이 된다.

어린이 청소년 법회를 하다보면 아이들은 절하는 것을 무지 귀찮게 받아들인다. 그런데 후일 들리는 얘기는 절이 가장 불교적이며 그 때문에 신심이 생겼다고 한다. 물론 절을 해본 경험이 있는 학생들이 어른이 된 지금도 신행생활을 잘 유지하고 있음을 본다. 이 시대 선지식이셨던 성철 큰스님께서도 절 수행을 많이 강조하셨다. 물론 당신 스스로도 열반에 드실 때까지 매일 108배를 하셨다.

삼천배를 해보지 않은 자와는 대화를 하지 말라. 도는 혀끝에 있는 것이 아니라 온 몸에 있는 것이다. 관세음보살님의 그 편안한 엷은 미소하며, 부드러운 눈길을 면밀히 관하며 절하라.

불자로서 가장 멋있는 매력은 흠뻑 젖은 잿빛 수행복에 있다. 그리고 얼굴의 진한 화장을 지우고 흘러내리는 땀방울, 그 땀방울이 낸 물길에 있다.

수행지침

가. 같이 정진할 수 있는 좋은 도반을 사귈 것

나. 법당에 못 나갈 경우엔 집에서 부처님 사진을 보면서 절할 것

다. 상호가 가장 원만한 관세음보살을 관 할 것

라. 관절이 좋지 않아 절이 힘들 경우는 앉아서 반 배라도 할 것

마. 하루 한 가지 착한 일, 보살행을 할 것

수행기간

• 2일간 또는 총 4시간 이상 수행할 것

[A]

문 – 절에서는 108배가 일반적인 것 같은데 108의 의미를 알고 싶습니다.

답 – 불교에서의 108은 모든 번뇌 망상을 일컫는 숫자입니다. 간단히 설명을 하자면 우리의 인식 기관인 눈, 귀, 코, 혀, 몸, 생각이 바깥경계를 상대하여 좋다〔好〕, 나쁘다〔惡〕, 그저 그렇다〔平〕의 세 가지 인식작용을 일으킵니다. 그래서 3×6=18이 되지요.

그 각각에 탐(貪), 불탐(不貪)의 또 다른 감정이 개입되어 18×2=36의 번뇌가 됩니다. 이것이 과거, 현재, 미래가 복합적으로 작용하면서 36×3=108의 번뇌가 됩니다.

또 다른 학설이 있는데 그것은 이렇습니다.

여섯 감각 기관이 바깥대상을 상대하여 좋고, 나쁘고, 그저 그런 경우와 괴롭고〔苦〕, 즐겁고〔樂〕, 아무렇지도 않은 경우〔捨〕의 번뇌가 발생하여 6×6=36이 됩니다. 거기에 과거, 현재, 미래가 작용하여 108번뇌가 됩니다.

[B]

문 – 꼭 108이라는 숫자에 맞추어야 하나요?

답 – 그렇지는 않습니다.

그러나 숫자를 염두에 두면 정성이 더 들어가는 장점은 있습니다.

[C]

문 – 절을 하면 정말 번뇌가 없어지나요?

답 – 생각만큼 이루어집니다. 실행으로 옮길 일입니다.

체험소감

4. 관세음보살 부르며 그 소리 관하기

사람들은 말한다. '침묵은 금이다.' 라고.
그럴 듯한 얘기같지만 어떤 경우에든 다 통용되지는 않는다. 말하는 것이 말하지 않는 것보다 훨씬 더 가치 있을 때가 많다. 성인의 말씀이 그렇고 선지식의 법문이 그렇다.

물론 마음의 정화 없이, 되고 말고 뇌까리는 소리는 단지 소음이 될 뿐이다. 술에 찌든 남정네들의 음담패설이나 남의 흉으로 도배를 해대는 여자들의 너스레는 말이 그렇지 귀라도 씻어야 할 때가 있다.

그런데 중요한 사실은 의미 없이 던져진 소음이라 할지라도 듣는 자의 마음의 귀가 열려 있다면 그것은 큰 소식이 된다는 점이다.

던진 짱돌이 대나무에 부딪히는 소리를 듣고 깨친 이도 있으며 쏟아지는 폭포수를 부처님의 장광설이라 말한 시인도 있다.

아주 어릴 때 우리 집은 초등학교와 시오리나 떨어진 곳에 위치하고 있었다. 그렇다 보니 책보자기를 대각선으로 메고 뛰는 날이 많았다. 하교길에도 뛰고 등교길에도 뛰었다. 날이 흐려지는 날은 거의 본능적으로 뜀박질을 하였다. 그 때문인지 나는 어릴 때부터 달리기는 자신이 있었다.

5학년 늦가을이었던가. 날 저문 줄도 모르고 도서관에서 책을 읽다가 혼자 깜깜한 그 저녁 밤길을 뛰게 되었다. 그런데 전에는 듣지 못했던 그 무엇을 듣게 되었다. 볼펜 자루를 해 넣은, 등에 업힌 필통 속의 몽땅연필이 달그락거리는 소리에서 아까 읽었던 주인공, 계백 장군의 용감한 목소리를 듣게 된 것이다.

갑자기 알 수 없는 어떤 힘을 얻게 되었다. 예전같으면 잔뜩 겁이 났을 산기슭 아래 무덤도, 장례를 치르는 상여집도 쉽게 지날 수 있었다.

어린 마음에도 늘 듣는 무정물의 똑같은 소리라도 경우에 따라 다 다르다는 것을 크게 느꼈다.

생각의 빛깔은 참으로 중요하다. 관세음보살을 밤낮으로 수없이 되뇌이더라도 생각이 청정치 못하면 아무 쓸 데 없는 일이 되고 만다. 관세음보살을 자나깨나 외어야 되는 것은 분명한 명제이지만 그렇다고 하여 온갖 잡념과 뒤섞어 외우다보면 관세음보살의 청정성이 떨어지고 만다.

관세음보살의 청정성은 곧 자신의 청정도가 된다.
그러면 어떻게 해야 관세음보살을 외우는 수행자 자신의 청정도를 100%로 유지시킬 것인가?

'관세음보살, 관세음보살…….' 하고 외우는 그 소리를 관하라. 또렷한 의식으로 관세음보살을 관 하다보면 마음이 어느덧 청정해진다.

자신이 외운다면 자신의 소리를, 남이 외운다면 남의 소리를 챙겨 관하라. 혹시 관세음보살을 외울 힘조차 없다면 조용히 tape 소리를 들으면서 관 해도 좋다. 아무튼 다른 생각 때문에 관 하고 있는 관세음보살이란 소리를 놓치게 되면 그 순간의 마음공부는 망친 것이다.

순간을 잃으면 영원을 잃는다. 순간이 곧 영원이고 순간 속에 영원이 있다. 순간 순간 최선을 다하여 관세음보살을 외우면서 그 소리를 관 하라. 그로 인해 관세음보살까지 청정해진다. 즉 그 몸 그대로 관세음보살의 진신을 친견하리라.

절에서는 울력시간이 많다. 마당쓸기는 기본이고 도량 잡초 제거, 나무 해오기와 장작 패기, 밭일, 김장 담그기등 대중이 모여 사는 곳에서는 이것 저것 다 더불어 해야 할 일들이다. 선농일치(禪農一致)의 거창한 구호가 아니더라도 일은 살아있는 자의 특권이다. 그렇지만 다들 귀찮게 생각한다.

대중을 모으는 울력 신호는 두 번의 내림 목탁소리로 이루어지는데, 이 울력 목탁소리를 기다리는 스님들도 간혹 있다. 일하면서 관세음보살 명호를 실컷 부를 수 있기 때문이다. 이 정도의 사람이라면 그 근기가 대단히 수승하다. 같이 살면서도 존경심이 우러난다. 한 하늘을 이고 한 땅을 밟고 사는 것이 행운이라는 생각도 든다.

어쨌든, 마음 공부가 잘 될 때는 도마질 소리며 비질 소리가 '관세음보살, 관세음보살…….' 하고 들릴 때가 있다.

그 정도 수준은 돼야 한다.

수행지침

가. 다급한 목소리로 관세음보살을 불러서는 안 됨

나. 지극 정성한 목소리를 내면서 관 할 것

다. 잡다한 계추 등 모임에 나감을 삼갈 것

라. 늘 초심(初心)을 생각하여 꾸준히 관 하는 수련을 할 것

마. 처음에는 정근 tape를 틀어 놓고 따라할 것

수행기간

- 3일간 또는 총 6시간 이상 수행할 것

[A]

문 - 소리를 내는 이유가 있습니까?

답 - 업을 맑히기 위함입니다.

업이라면 주로 신(身)·구(口)·의(意), 3업(業)을 이야기하는데 관세음보살을 많이 외우다 보면 구업(口業)을 맑힐 수 있습니다.

그리고 소리를 냄은 잠을 쫓는 수단도 됩니다.

[B]

문 - 의업(意業)도 관계있는 것 같은데요?

답 - 근원적으로는 그렇습니다.

그 소리까지 관하다 보면 생각의 업이 맑아집니다.

[C]

문 - 소리를 낼 수 없는 상황이면 어떻게 해야 하나요?

답 - 마음 속으로 '관세음보살'을 부르면서 그 상호를 관하면 됩니다.

체험소감

5. 걸으면서 염주 돌리고 관세음보살 관 하기

수행안내

조그만 토굴에 있을 때다.

적적하고 적적하여 빗속에 염주를 들고 산책을 나갔더니 담배 농사를 짓는 이들이 우의를 입고 담배꽃대를 잘라내는 작업을 하고 있었다. 어차피 땅바닥에 버리려는 꽃 한 송이를 달랬더니 청년 농사꾼은 미소를 머금으며 선뜻 하나 건네주었다. 기분이 좋았다.

'감사합니다.'라는 말에 청년은 겸연쩍어 하면서 오히려 자신이 행복하다는 표정을 지어 보였다.

비를 맞고 잠시 스치는 인연이었지만 참 좋은 인연이었다.

스님들은 불공(佛供) 올리는 시간에 축원(祝願)이라는 것을 하게 된다. 신도님들 잘되라고 소리내어 기도문을 읽어 주는 것쯤으로 생각하면 된다.

불공 때가 아니더라도 나는 부처님 앞에 서면, 인연 짓고 살아가는 우리 이웃들의 삶이 더욱 윤택하며 행복한 날이 많기를 축원한다. 사람과 사람, 사람과 자연의 관계들이…… 행복하소서.

행복하소서 하고.

그런데 그 행복지수는 많고 적게 가짐의 소유의 양에 있는 것이 아니다. 그렇다하여 적게 가지는 것이 곧 행복이라고 오해해서도 안 된다.

즉, 적게 가진 것 자체가 미덕은 아니다. 적게 갖고 있으면서도 많음에 대한 집착을 놓지 않는다면 그 행복지수는 낮은 것이라고 말할 수밖에 없다. 반대로 많이 갖고 있으면서도 집착을 놓고 산다면 그 행복지수는 높다. 즉, 행복은 집착이라는 보이지 않는 자기구속과 반대쪽에 자리한다. 그러니까 행복지수는 자유지수와 비례한다고 볼 수 있다.

행복한 사람은 그 마음씀이 언제든 자유분방하다. 마음 가운데 아무런 걸림이 없다. 시기 · 질투 · 미움 · 불만 따위의 장애물이 없을수록 즉, 그러한 쓰잘데 없는 것들로부터 자유로울수록 행복하다.

생각을 가진 존재들은 다 행복하기를 원한다. 행복을 찾아서 종교도 택하고 춤 방에도 간다. 종교인들은 하느님, 부처님을 위해 사노라고 거창하게 둘러대지만 내면을 들여다보면 결국은 자신의 행복을 위해서 그런 장식들이 필요할뿐이다.

우리 불자들이 불공을 드리는 것은 엄밀히 따지면 부처님을 위한 것이 아니라 스스로 행복해지기 위해서, 또는 그런 행위가 현재 행복하기 때문이다.

하필이면 왜 불교인가.
단도직입적으로 말한다면 그 어떤 종교보다도 불교가 행복해질 수 있는 가능성이 제일 높다는 것을 인연있는 사람들은 넌지시 눈치 챘기 때문이다. 불교에서 말하는 행복은 절대적인 행복을 일컫는다. 단편적이거나 일시적이지 않다는 말이다. 그리고 우주적이다. 너와 내가 같이 행복했을 때 우리는 감히 행복이란 말을 쓰게되는 것이다.

최근, 미국 위스콘신 의대 연구팀은 '불교인들은 진실로 행복의 비법을 알고 있다'는 제목으로 불자들의 뇌파 연구 결과를 발표하였다.

그럼, 행복의 비법은 무엇일까?

불교를 조금 아는 이가 틱낫한 스님의 걸음걸이를 보고 멋있다고 하면서 곧잘 흉내를 내었다. 염주 하나를 주면서 느릿느릿 걸으면서 관세음보살을 관하는 수련을 시켰다. 마음공부에 재미를 붙이더니 이제는 제법 그럴듯한 폼을 낼 줄 안다.

도인 흉내를 내면 도인이 되고 깡패 흉내를 내면 깡패가 되는 법이니 초보자들은 좋은 것이라면 흉내라도 자꾸 낼 일이다.

스님들은 만행을 즐긴다.
밀짚모자 쿡 눌러쓰고 걸망 하나 달랑 둘러맨 채 구름 떠가는 계곡물을 말동무 삼아 휘적휘적 외길을 걸을 때 자유감을 가진다.

가진 것은 손에 든 염주 하나뿐.
나는 몇 달이고 그렇게 돌아다닌 적이 많았다. 참으로 행복했었다. 염주를 굴리면서 관세음보살을 흥얼거리면 온 산천경계가 부처님 모습으로 다가선다.

행복하고 싶은 이들이여!
큰 고함소리에도 놀라지 않는 사자처럼 당당하게, 촘촘한 그물에도 걸리지 않는 바람처럼 자유롭게 사는 그 길이 여기에 있다. 지금 당장 염주 잡고 관세음보살을 관하면서 하다못해 방안이라도 몇 바퀴 돌면 어떨런지.

곧 행복할 것이다.

수행지침

가. 천천히 걸을 것

나. 염주알은 손에 잡기 좋을 정도로 적당한 굵기가 좋음

다. 언제든 염주를 지니고 다닐 것

라. 남의 잘못된 일을 기웃거리거나 흉보지 말 것

마. 상황을 속단하지 말고 늘 희망을 가질 것

수행기간

- 3일간 또는 총 6시간 이상 수행할 것

[A]

문－빨리 걸으면서 수행하는 것이 잡념이 덜 들어오는데 그렇게 해도 되는지요?

답－걷는 것을 경행(經行) 또는 포행(布行)이라고 하는데 일반적으로 천천히 걷는 것을 권합니다. 마음을 모으는데 좋기 때문이지요. 그런데 만일 빠른 걸음이 공부에 더 도움이 된다면 그렇게 하여도 무방합니다. 선방에서는 50분 정진하고 10분 포행 시간을 갖는데 그 걸음의 속도는 가풍마다 조금씩 다를 수가 있습니다.

[B]

문－경행을 하면서, 습관상 자꾸 무엇을 살피게 됩니다. 어떻게 하면 좋을런지요?

답－걸으면서 수행할 때는 앞만 보고 걸어야 합니다. 외물의 경계 즉 색·성·향·미·촉·법을 옛 사람들은 나의 본심을 빼앗는 도둑이라 하여 육적(六賊)이라 까지 하였습니다.

몸가짐을 가지런히 했을 때 마음공부도 됩니다.

계(戒)·정(定)·혜(慧), 삼학(三學) 가운데서 계는 그런 점에서 중요합니다. 계는 거창한 것이 아니라 함부로 보지 않고 함부로 말하지 않는 것입니다.

체험소감

6. 관세음보살 명호를 사경하면서 관 하기

20대 중반의 젊은 시절은 오로지 집착뿐이었다.
깨달음에의 집착, 깨달음을 구하고자 했던 그 지독하고 끈질긴 집착은 육신을 많이 망가뜨렸다. 특히 눈을 못쓰게 되었다. 잠을 이겨 보려고 안간힘을 쓰다보니 눈에 핏발이 솟아 피눈물이 날 정도까지 가게 되었다. 그러니 자연 얼굴은 상기(上氣)가 되고 날이 갈수록 눈 상태는 더욱 악화되어갔다. 결명자, 구기자차를 달여 마시면서 애는 썼으나 호전될 기미는 전혀 없었다.

그런데, 정진은 멈출 수가 없었다.
나는 더욱 밀어부쳤다. 몸 주위에 가시덤불을 두른 채 잠과 정면도전을 하게 된 것이다. 그러면서 눈에 얼음 덩어리를 갖다대고 찬 물을 끼얹는 등 온갖 짓을 하였더니 급기야는 시계(視界)가 침침해지기까지 하였다. 육안(肉眼)을 버리고 심안(心眼)을 얻으셨던 부처님의 제자, 아나율이 아니었던들 모질었던 그해 한 철은 버틸 수가 없었을 것이다. 이후 수십년 세월이 지난 지금도 자주, 눈이 충혈되고 침침해진다.

그렇지만 나는 가열차게 용맹정진(勇猛精進)할 수 있었던 그 시절이 그립다. 그리고 잘했다고 생각된다. 당시 나는 온갖 번뇌로 전신을 얽어매고 있었던 업장(業障)의 실타래를 풀고, 구속으로부터 벗어나서 대자유를 얻고 싶었던 것이다.

오직 깡으로 버티며 용기백배했던 수행자!
그러한 힘들이 이후 내 삶의 밑천이 되고 있다.

구속의 울타리를 벗어남을 자유라 하였는데 왜 또다른 구속을 통해야 그것이 획득되는가.

바로 이열치열(以熱治熱)의 이치다. 모든 불교적 수행은 현재를 피해 달아나는 것이 아니라 정면 돌파하는 그 무엇이다.
물론 부처님 명호(名號)를 또박또박 쓰면서 관세음보살을 관하는 수행 또한 그렇다.

다른 이가 볼 때는 수행이라는 것이 또 다른 집착이요, 자기 구속이 아닌가하고 말할 지 모른다. 그런데, 대자유를 찾아 떠난 수행자의 대집착은 세속의 끝도 없는 나락 속에 내팽개쳐진 집착의 상황과는 아주 다르다. 마치 훌륭한 운동선수가 철저한 자기 단속과 수련을 통해서 영광의 자리에 서는 것처럼.

그래서 대자유를 만끽하는 것처럼.

대자유란 무엇인가.

탐 · 진 · 치, 삼독으로부터 벗어나는 일이다.

우리는 자유롭지 않으면 살맛이 나지 않는다. 욕심 때문에 괴롭고, 성냄 때문에 괴롭고, 어리석음 때문에 괴롭다.

괴롭지 않으려면 대자유를 찾아야 한다.

그것은 누구로부터 쟁취하는 자유가 아닌, 자기 스스로 고유적으로 누릴 특권이 있는 본래 자유이다. 마음 가운데 장애됨이 없는 사람은 사는 모습이 밝고 환하다. 그리고 하는 일이 순조롭다. 모든 업장의 사슬로부터 자유로와졌기 때문이다.

그래서 진정 자유를 성취한 사람, 수행으로 힘을 얻은 사람은 대단한 능력이 있다. 체(體)가 튼튼한데 용(用)이 나오지 않을 리 없지 않는가! 입으로만 큰소리치고 하는 일이나 성과물이 시원찮은 사람은 참선을 입으로만 하기 때문이다.

진정 우리의 인생이 향상일로(向上一路)에 있으려면 마음 공부에 매진해야 한다.

속에 빛이 있으면 겉으로 드러나기 마련이다.

진리의 체험은 이론에 있지 않고 끊임없는 닦음에 있음을 절대 잊어서는 안 된다. 특히 '관세음보살' 이란 이름자를 한 자 한 자 쓰면서 그 관세음보살을 관하는 수련은 다겁생래로 육체가 익혀왔던 신업(身業)을 맑히는 수행이므로 더없이 좋다.

절을 할 수 있다면 1자 1배의 정진을 해 보라. 온 정성을 다해서 정진하다 보면 글자 한자 한자가 살아서 그대 마음에 안겨올 것이다. 그리하면 안팎으로 자유로와져서 마음의 평화는 물론, 무애자재한 실재적 삶을 즐길 수 있게 된다.

수행지침

가. 수행 중 되도록 너무 많이 먹지 말 것

나. 사진을 옆에 두고 관세음보살을 같이 관 할 것

다. 사경하면서 그 글자를 똑똑히 볼 것

라. 일주일에 한 번씩 그 동안 쓴 용지를 법당에 가져와서 상단에 올렸다가 가져갈 것

마. 1자 1배가 좋으나 여건이 허락치 않으면 그냥 써도 무방함

수행기간

• 2일간 또는 총 4시간 이상 수행할 것

[A]

문 – 관세음보살 상호를 관 하기보다 그 글자를 관 하는 수련은 어떻습니까?

답 – 안 될 것은 없습니다. 그보다 상호를 관하는 것이 백 배 더 낫습니다. 앞서도 말했듯이 최상의 방법을 택해야 효과적입니다.

같은 시간 같은 힘을 들여서 수행할 바에는 지름길을 택하십시오.

지시된 프로그램대로 실행하는 것이 지름길입니다.

[B]

문 – 사경 중에도 계속 잡념이 들어오는데 언제 그 잡념이 없어지겠습니까?

답 – 구숙원리미숙친근(舊熟遠離未熟親近)하라고 했습니다. 익혀왔던 잡념일랑 쉬고 익히지 않은 마음공부에 전념하라는 뜻입니다. 성불하지 않은 이상 누구나 잡념이 일어납니다.

더욱 정진하십시오.

체험소감

7. 좌선한 채 단전호흡과 함께 관세음보살 관 하기

범부중생들의 생각들은 고삐 풀린 망아지 마냥 이곳 저곳을 마구 뛰어다닌다. 남의 채전에도 들어가고 구더기들이 놀고 있는 재래식 화장실도 기웃거린다.

몸이 멀어지면 생각도 멀어진다는 말이 있다. 다 한 가지 원리겠지만 반대로,몸을 붙들어 매어 놓으면 생각도 단속되는 수가 많다. 그래서 절에 있으면 나가서 이리저리 돌아 다닐 때 보다 생각의 움직임이 적은 것이다. 몸과 생각은 겉으로 보기에는 둘이지만 본래는 한 에너지에서 나왔기 때문이다. 즉 그들 자리의 근본 바탕, 마음은 하나이다.

하나인 마음에서 몸과 생각이 벌어지고 생각이 다시 모든 분별 망상을 지어 몸과 작당을 함으로써 중생놀음을 하고 있으니, 몸을 쉬고 아울러 생각을 쉬어 참마음 자리로 돌아가는 것이 수행이다.

이런 점에서, 조용히 앉아 단전 호흡을 하면서 관세음보살을 관하는 수행은 마음찾기에 대단히 효과적이다.

어릴 때 고향으로 돌아가는 연어떼의 끊임없는 지느러미 율동같은 실천이 없는 수행은 구두선(口頭禪)에 불과하다.

귀향길엔, 산 넘고 물 넘는 어려움이 있더라도 고향 쪽을 바라보며 한 발자국 한 발자국 걸음을 옮겨 놓아야 한다. 오직 걸을뿐 꾀를 부리거나 쓸데없는 망상을 피워서는 안 된다. 혹시 동행자가 있다면 도란도란 이야기를 나누며 가는 것은 괜찮으나 길거리에 퍼질러 앉아서 분수에 맞지 않는 거창한 얘기들로 해저무는 줄 몰라서는 큰일이다.

주위에 보면 마음공부는 하지 않고 돈오니, 점수니 하면서 말장난을 즐기는 자들이 많은데 그런 꼴이 보기 싫어 어떤 이들은 아예 깊은 산 속이나 외딴 섬에서 은거하며 지낸다. 대중들이 무리를 지어 정진하는 선방에서는 더러 수행자들이 묵언(默言)이란 쪽패를 걸고 입을 닫아 버리는 수가 있다. 묵언 정진은 말이 쉽지 잘 되지 않는다. 누가 뒤에서 부르면 무심코 대답소리가 나온다.

불교 초심(初心) 시절부터 길들여져 그런지는 몰라도 나는 요즘도 말하기를 별로 좋아하지 않는다. 법문 시간 이외에는 거의 말하지 않는다. 억지로 그럴려고 애쓰는 것이 아니라 그냥 말하지 않는 것이 편안하다.

누구든지 그럴 것이지만, 시시껍질한 소재로 이야기를 나누다 시간을 허비하고 나면 허전해지기 마련이다. 그렇지만 그런 습이 베인 사람은 그것을 알면서도 입이 근질거려서 가만히 있을 수가 없다.

참된 수행을 하려면 말을 적게 하고 미련한 듯이 나아가야 한다.

언젠가 토굴에 있으면서 허리를 다쳤다. 그해 겨울은 얼마나 춥던지 앉아서 참선하는 일 이외는 나무를 잔뜩 해다 놓고 몸에 열을 내려고 장작을 패대었다. 결재 반 철 정도 지났는데 허리가 아파오기 시작하였다. 끊어질 듯한 통증이 계속되었다. 그래도 정진을 멈출 수는 없었다.

도고마성(道高魔盛)이라 하였던가. 나는 그 동안거(冬安居)를 나면서 내적인 큰 힘을 얻을 수 있었다. 절대 허리아픔을 핑계거리로 삼아 요령을 피우지 않았다. 삶은 늘 감시받고 있다. 그런데, 스스로의 감시가 가장 철저하고 빈틈없다. 오직 정진할뿐이다.

어설픈 수행자들은 공부는 반푼어치 해놓고 그 사람이 깨달았느니 못 깨달았느니 하면서 엉터리 저울대 위에 선지식들을 올려놓고 무게를 다는 추태를 부린다. 도는 혀 끝에 있지 않을뿐 아니라 그렇게 가볍지도 않다.

세상은 인과의 이치가 역연하기 때문에 결과에 대해서 초조해 할 이유가 없으며 남의 결과를 가지고 가타부타 논쟁할 이유 또한 더욱 없다. 공부가 맘대로 되지 않아 조급하게 생각한 탓이겠지만, 스스로 하지 않으면 다 남의 호주머니에 든 돈에나 신경쓰고 있는 줄 자각해야 한다.

어리석은 사람은 자기 살림살이는 뒷전이고 오히려 남의 살림살이나 참견해댄다.

원인 속에 결과가 있다.

시간이 날때마다 단정히 가부좌를 틀고 단전호흡을 하면서 관세음보살을 관하라. 이미 결과가 호흡지간에 드러나 있음을 느낄 것이다.

수행자는 농사꾼에 비유된다.
훌륭한 농사꾼은 밭을 갈 때는 밭을 갈뿐이요, 김맬 때는 김만 맬뿐이며 추수할 때면 추수만 할뿐이다.
깨달음의 세계는 너무나 보편타당하고 일반적이어서 어느 한 쪽만 편들지 않는다. 출가자니 재가자니 하는 분별심(分別心)도 놓고 여자니 남자니 하는 분별심도 놓아 버려야 한다. 그래야 큰 진척이 있다.

오직 정진할뿐,
짝할 이 없거든 차라리 물소의 뿔처럼 홀로 가라.

수행지침

가. 사소한 일에 초연하고 웬만하면 좋게 생각해버릴 것

나. 보조 좌복을 준비하여 편안한 자세가 나오도록 할 것

다. 무릎이 좋지 않으면 걸상에 앉아 수련하여도 무방함

라. 일주일에 한 번은 절의 시민선방에 나갈 것

바. 수련 동안에는 묵언할 것

수행기간

- 5일간 또는 총 10시간 이상 수행할 것

[A]

문 – 억지로 앉아 있기는 하되 관이 잘 되지 않습니다. 그래도 득이 있습니까?

답 – 반푼어치 득도 없습니다. 멍청하게 앉아 있음은 무기공(無記空)에 빠졌을뿐입니다.

[B]

문 – 어느 정도가 되야 삼매(三昧)를 맛 보았다 할 수 있겠습니까?

답 – 저의 경우이기도 합니다만 엉덩이가 땀에 젖어 습진이 생기고 곰팡이가 슬 정도면 삼매를 맛보았다 할 것입니다.

한 곳에 앉아 10시간 정도는 후딱 지나가는 경험은 해봐야 됩니다.

[C]

문 – 좌선하고 있을 때는 어느정도 관하는 수행이 되지만 보통 때는 잘 되지 않습니다. 괜찮은지요?

답 – 괜찮치 않습니다. 행주좌와어묵동정(行住坐臥語默動靜)의 모든 경우에 있어서 공부가 돼야 합니다.

체험소감

8. 느낌을 클릭하여 그것으로 관세음보살 관 하기

출가(出家) 전 나의 세속생활은 엉망진창이었다. 머리통은 부모님에 대한 불만으로 가득 찼고 형제들의 하는 짓도 통 마음에 들지 않았다. 딴 사람들도 힘들었겠지만 우선 내 자신이 하루하루 사는 일이 괴로웠다. 매사에 신경질적이라서 나는 미간을 펼 날이 없었다. 지금도 인상을 쓰며 살던 그 흔적이 남아 있다.

도대체 산다는 것이 무엇인고……

곧 출가는 이루어졌고 이후 나는 불교적 수행을 하면서 그 더러운 성격을 고쳐가기 시작했다. 육신을 자학하던 짓도 하지 않게 되었고 깊은 술독에서도 기어 나올 수 있었다.

공부가 익어갈 때 쯤, 더 이상 육진(六塵) 경계 즉 바깥 대상을 미워하지 않게 되었다. 참지 못해 부글부글 끓던 성내는 마음은 가라앉고 지극히 조용한 평화가 내 마음에 찾아들기 시작하였다.

눈이 오면 눈이 좋아 눈을 맞고 섰고, 비가 오면 빗줄기 바라봄을 즐길 줄 알게 되었다. 날이 맑으면 하늘 쳐다보며 웃는 날이 많아졌다. 예전에는 무심코 지나쳤던 산야에 핀 꽃이며 풀들이 사랑스러워졌다. 그래서 사진기를 들고 그들 곁으로 다가갈 수 있는 여유로움도 생겼다.

패랭이, 애기똥풀, 엉겅퀴, 질경이, 금은화, 억새풀……
어느 하나 아름답지 않은 것이 없다.

인생은 결코 괴로움이 아니다.

인생은 허무하지도 않다.

세상은 지저분하지 않다.

세상은 내 아님이 없다.

여기에서의 수련 과제인 '느낌을 클릭하여 그것으로 관세음보살 관 하기'는 나의 경우처럼 고달팠던 인생살이를 새롭고 의미있는 인생살이로 열어주게 될 것이다.

내게 그 사람이 밉다는 감정이 일어나면 그 미운 감정을 클릭하여 그것으로 그대로 관세음보살을 관하라. 금방 밉다는 생각은 사라지고 관세음보살만 남게 될 것이다. 절을 할 때 무릎의 통증이 느껴지면 그 통증을 클릭하여 그것으로 관세음보살을 관하라. 그러면 통증이 곧 없어질 것이다. 걸음을 걸을 때 발바닥의 느낌이 있다면 그 느낌을 콕 집어서 그것으로

관세음보살을 관 하라.

대하는 모든 대상에 대해 이런 수련을 하다보면 세상은 그대로 관세음보살의 자비 속에 놓여지게 된다.

번뇌 즉 보리다.

번뇌가 오히려 수행의 소재가 되어 보리의 기운으로 화한다.
번뇌와 보리는 본래적으로 마음이라는 뿌리를 함께 가진다.
중생이 부처 되는 도리가 여기에 있는 것이다.

이쯤 되면 고정관념의 틀은 여지없이 깨어지고 세상을 보는 안목이 아주 긍정적이게 된다. 악은 일체 존재하지 않으며 낱낱의 개체는 모두 아름다움으로 다가선다.

세월이 신기할뿐이다.

내가 있음으로 모든 문제가 발생했던 것처럼 수행의 바른 문을 통과한 뒤에는 내가 있음으로 세상 전체가 활기에 넘쳐흐르며 원기 왕성해진다.

마음이 아름다워지니 온 산천초목이 아름다워지는 것이다. 우주는 내가 만들고 내가 부순다.

망상은 없다.
망상을 짓지 않으면 행복해진다고 말할 하등의 이유가 없다.
이미 말한 것처럼 망상은 결코 깨달음을 장애하지 않는다. 망상은 더 이상 망상이 아니다. 망상이 있음으로 깨달음도 있다.

자비심을 가지라고 강요할 이유도 없다. 망상을 클릭하여 마음 가운데 늘 모시고 있는 관세음보살에게 가져가는 순간 망상은 사라지고 그 마음은 청정해진다.

이 몸 이대로 부처 즉, 즉신성불(卽身成佛)이다.

번뇌는 번뇌라는 체가 없으며 그런 종자가 따로 있지 않다. 그럼에도 불구하고 중생들은 번뇌라는 거짓 이름의 솜방망이 무게에 짓눌려 신음하고 있다. 번뇌의 최면으로부터 벗어나야 한다. 번뇌로부터 자유로우면 이 세상 이대로 정토세계가 될 수 있다. 더 이상 악인(惡人)이 있을 수 없다.

산을 돌아다니며 입술 시퍼렇게 물들도록 진달래꽃 뜯어먹고 쇠똥 위에 떨어진 감꽃을 주워먹더라도 행복할 수 있는 이치가 있다.

전생(前生)부터 수행이 깊었던 사람은 그런 일이 수월하다. 혹시 그렇지 않다 하더라도 현재적 수행을 잘하면 누구든지 깨달음을 이룰 수 있고 행복할 수가 있다.

인생이 이제는 더 이상 칙칙하지 않고, 한 입 깨문 햇과일의 그것처럼 상큼해야 한다. 우리 모두는 그럴 자격이 있다.

불성(佛性)이 있기 때문이다.

수행지침

가. 몸의 어느 한 부분을 클릭하여 그것으로 관세음보살을 관 해볼 것

나. 감촉을 클릭하여 그것으로 관세음보살을 관 해볼 것

다. 일어나는 생각을 클릭하여 그것으로 관세음보살을 관 해볼 것

라. 내가 대하고 있는 상대들을 클릭하여 그것으로 관세음보살을 관 해볼 것

마. 세상의 모든 일이 공부 소재가 된다고 생각할 것

수행기간

- 2일간 또는 총 4시간 이상 수행할 것

[A]

문 – 느낌을 클릭하여 관세음보살 관 하기는 위빠사나 수행과 어떻게 다르가요?

답 – 위빠사나는 신수심법(身受心法)을 관하기만 합니다. 그러나 여기서의 수행은 그 관 함을 클릭하여 또 관세음보살을 관하는 것이므로 더욱 심층적 수행이라고 할 수 있습니다.
이 전 단계 즉 본격 단계의 일곱 번째까지가 위빠사나 수행이라고 보면 됩니다.

[B]

문 – 그럼 위빠사나적 지혜와 간화선적 지혜는 어떻게 다른가요?

답 – 위빠사나적 지혜가 긍정적(肯定的) 수용(受容)의 지혜라 한다면 간화선적 지혜는 직관적(直觀的) 통찰(通察)의 지혜라 할 수 있습니다.

[C]

문 – 좀 더 구체적으로 말씀하여 주십시오.

답 – 전자는 법화화엄적(法華華嚴的) 지혜라 할 수 있고 후자는 금강적(金剛的) 지혜라 할 수 있습니다.

뒷편에서 소개되는 완성단계의 수행을 해보면 확연해집니다. 더욱 정진하여 끝이 있는 공부가 되길 바랍니다.

체험소감

완성단계

無學道位 (무학도위)

내가 나란 멋을 부리지만

'나'는 어떻게 생겼는고?

그 엄청난 세월동안……

'참다운 나'도 모르면서 분수 넘치도록 얼마나 잘난 체하며 살아왔는가를 생각해 보라.

당신은 그저 '허허'하고 자탄(自歎)의 한숨 소리를 낼 수밖에 없을 것이다.

땅을 깔고 누울 자격이 있는가!

하늘을 이고 돌아다닐 자격이 있는가!

여기

완성단계는

앞의 모든 단계의 결론이 되는 수행이므로 아주 중요하다. 아무리 참선공부를 했다하더라도 이쪽으로 회향(廻向)되지 않는 공부는 허사가 될 것이다. **선관쌍수**!

완성단계[無學道位]의 수행위치

가. 용맹정진하여 진리의 맛을 봄 – 무학도위라 함

나. 십 우 도 – 인우구망 · 반본환원 · 입전수수

다. 팔 정 도 – 정정

라. 육바라밀 – 선정 · 반야

마. 성문 4 과 – 아라한

바. 화엄경52계위 – 등각 · 묘각

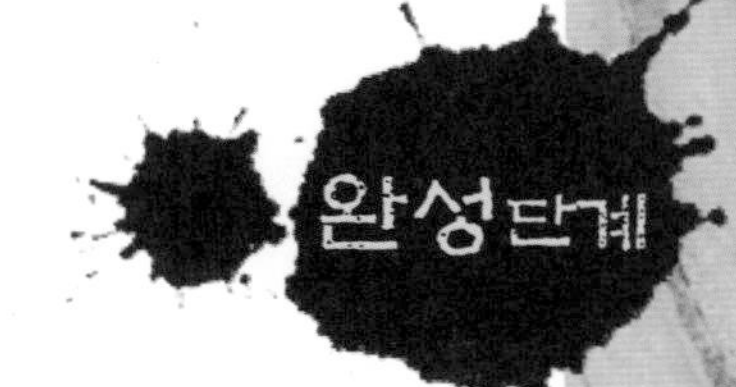

관세음보살 관 하는 주재자 돌이켜보기

화두 - 시심마(是甚麽)

수행안내

이 세상에서 가장 중요한 것은 무엇인가?

'나'

우주 만물 가운데서 '나'보다 고귀한 것은 없다. '나'가 있음으로 동서남북이 열리고 과거, 현재, 미래가 생긴다.

'나'라 하지만 나란 무엇인가? 도대체 무엇을 '나'라고 할 것인가? 이 존재의 자각에 대한 수수께끼는 너무 깊고 오묘해서 쉽사리 풀리지 않는다.

여기에 그 해결 방법이 있다.

불자들은 참선 · 간경 · 염불 · 주력의 4대 수행 가운데 참선을 가장 중요한 것으로 생각한다. 그리고 참선의 절대적 가치로서 화두(話頭)를 이야기한다.

화두는 공식적인 것만도 1700가지나 있다. 모든 길이 로마로 통한다는 말이 있듯이 그 많은 화두들도 하나로 통하는 곳이 있으니 시심마(是甚麽) 화두이다.

시심마!

시심마란 '이 무엇인가?'이다.

'나'란 도대체 무엇인가? '나'라고 하지만 '나'의 실체는 도대체 무엇인가라는 자기 자신에게 던지는 궁극적인 질문이다. 나, 자기자신이라 하면서도 오히려 그것을 몰라 나, 자기자신에게 던지는 질문이니 참으로 아이러니가 아닐 수 없다.

그런데 희한한 것은 이렇게 함으로써 그 해법이 있다.

우리가 지극정성 관세음보살을 외우며 관하고 있다고 하였을 때, 그 관세음보살을 관하는 주재자(主宰者)가 도대체 무엇인가하고 생각해 보라. 주재자라는 말을 고급적인 말로 주인공(主人公)이라고 표현하기도 한다.

관하는 그 주인공이 무엇인가.

눈이 보니 눈이 주인공인가. 뇌가 판단한다고 하니 뇌가 주인공인가. 관세음보살 소리를 듣고 있는 귀가 주인공인가. 관세음보살을 외우고 있는 입이 주인공인가. 이 육신인가. 아니면, 생각인가. 그 모두인가.

지금까지는 관세음보살을 관하는 수련이 주였지만 여기 결론단계에서는 관세음보살을 관하는 주재자를 찾아야 하니 문제 해결의 방향자체가 완전히 180도 달라진 것이다.

'무엇이 관세음보살을 관 하는고?'

이것은 '나는 무엇인가?'하는 말과 꼭 일치한다.

이는 부처님께서 고민하셨던 바로 그 숙제였다.

혹자는 부처님을 따라하는 것을 못마땅하게 생각하는 수도 있다. 부처님의 경우는 부처님의 경우일뿐이지 않느냐는 것이다.

맞는 말이다.

나는 선천적으로 고집이 세고 자존심이 강해서 모방하거나 누구를 따라하는 것을 스스로 용납하지 않았다. 그런 점이 어린 성장기 시절을 다부지게도 하였지만 외롭게도 하였다. 출가하여서도 쉬이 고쳐지지 않았다. 부처님도 우리와 같은 사람이었을 텐데하는 오만한 마음이 불쑥불쑥 일어났다.

그런데 어느날, '마음, 부처, 중생이 차별이 없다〔心佛及衆生是三無差別〕'는 경전 말씀을 접하고는 부처님을 진짜 존경하게 되었다. 그렇게 말씀하실 수 있는 분이라면 과연 삼계의 도사가 될 자격이 있다고 생각했던 것이다.

후일 수행을 더욱 밀도있게 하면서 진정 참나를 찾는 공부에 관한한 부처님의 모델이 완벽하다는 것을 알게 되었다.

부처님의 카테고리는 카테고리 그 자체를 용납하지 않으셨다. 억지로 형용하자면 우주적이고 절대적이고 보편적이다. 그래서 부처님의 경우를 말하더라도 이는 바로 우리의 문제요 전 인류의 문제일 수밖에 없는 것이다.

부처님의 첫 말씀은 '천상천하유아독존(天上天下唯我獨尊)' 이다. 하늘 위와 하늘 아래 나 홀로 높노라!

과거의 삶은 끄달림의 흔적을 남겼지만 이제는 객관의 세계를 부리고 사는 '참나'의 자리에 서게 되었다. 상황만 쫓아다니던 '나'가 아니라 상황을 치고 달리는 '나'가 된 것이다.

어떻게 하여 부처님께서는 이 '나'에 대해서 분명한 확신을 가지셨을까. 모든 중생들이 그토록 바라마지 않는 부귀영화를 헌신짝처럼 버리시고 6년 수행을 통해 얻으신 '나'

외부적인 그 어떤 것에서도 무고안온(無苦安穩)의 열반(涅槃)은 찾을 길이 없었다. 아예 없었던 것이다. 그래서 부처님은 안으로 안으로 자기 성찰을 거듭해 갔다. 드디어 열반의 자리는 그 곳에 있었다.

당신 스스로의 실존에 대한 자각.

바로 그것이었다.

깨달음.

그 속에 확연히 드러난 '나'

'영원한 자기', '주인공', '참자아', '진아'.

'나'는 더 이상 중생으로서의 나가 아니라, 중생으로서의 나를 부정한 연후에 나타난 절대적 '나'였던 것이다.

그래서 그것이 비록 불상(佛像)등의 형상일지라도 그 분의 모습은 완전할 수밖에 없는 것이다. 여기서 배우고 있는 선관쌍수에 있어서, 관해지는 대상으로서의 관세음보살도 그런 차원에서 다른 망상과는 다른 것이다.

참자아는 진리와 하나가 되어버린 '나'이다. 진리를 깨달았다는 표현을 곧잘 쓰지만 이때의 자리는 대상이 끊어진 곳이기 때문에 주, 객의 경계가 무너져내린 자리이다.

완전히 공해진 자리이다. 세속의 입장에서 무아(無我)라는 표현을 같이 씀으로써 다소 헷갈리는 수도 없지 않으나 철저히 무아가 되지 않고는 참자아는 얻어지지 않는다.

무아는 보편적 존재의 실상 그 자체이므로 참자아를 얻었다 함은 실상에 계합하였다는 뜻이다. 그럼으로 '나'는 '너'가 될 수 있게 된 것이다.

무아의 체험은 일체 모든 존재의 무자성을 동시적으로 깨닫는 일이기 때문에 서로간의 관계를 대단히 적극적으로 연결짓게 한다. 상대가 자연이라 할지라도 하나가 되고 만다. 물아일체(物我一體)요, 주객일여(主客一如)이다.

온 세월과 공간이 본래로 인드라망의 체계를 갖추고 있어서 인연짓고 있는 모든 존재에 대해서 자비행(慈悲行)이 저절로 나온다.

이때 자비행은 직관능력에 바탕을 둠으로써 맹목적이거나 집착에 기인한 헐값의 동정심과는 사뭇 다르다. 그 상대 존재의 장래까지 내다보는 바른 안목으로 때로는 고함도 치고 매도 치는 고차원적 자비행이다. 동체대비!

참자아를 찾은 사람은 순간순간 깨어있는 삶을 산다.

자신이 연기적 관계 속에 있음을 체험하고 있기 때문에 비굴하지도 않을뿐 아니라 거만하지도 않다. 세상을 초연하게 살면서도 절대 세상을 여의지도 않는다. 분명한 직관력을 쓰기 때문에 그의 행동과 그 결과는 완전하다. 현실 감각과 사회 인식 또한 뛰어나서 모두를 살려내는 보살행도 서슴치 않는다. 부처님이 그러하셨다.

우리 주위에는 큰 소리를 치는 사람이 많다. 수행의 정도가 어느 정도인가는 위에서 열거한 여러 잣대로 보면 분명하다.

지금껏 살핀 '관세음보살을 관하면서 그 주재자 돌이켜보기'는 최상의 참선 수행법이다.

결론적으로 다시 말하자면,

여기서 소개한 선관쌍수의 참선법은 언제나 자기 자신을 잃지 않는 생활을 할 수 있도록 수련하는 길이며, 깨달음의 길이다. 그리고 정지(正智)로서 모든 사물을 바르게 관조할 수 있는 힘을 키우는 수행법이다.

따라서 이 선관쌍수의 참선법은 모든 일을 함에 외물에 이끌리기 보다는 활발하게 살아 움직이는 전인격적인 활동을 할 수 있게 한다.

환경에 지배됨이 없고 유혹에 빠지지 않으며, 자주적이며 자율생활을 할 수 있는 힘을 기르게 한다.

진실로 마음 공부를 잘하는 이는 타인이나 환경에 대해서 바른 눈을 갖는다. 모든 것을 있는 그대로의 모습으로 즉, 직관(直觀)하는 능력을 갖는다.

더욱이 나아가 나와 남, 자기와 주변의 환경과의 관계를 서로 대립되는 존재로 보지 않고 자기 속에 환경을 받아들이고 환경 속에 자기를 던져 넣어서 하나가 되어 버린다.

가장 완벽한 참선법인 선관쌍수의 수행을 하다보면 자타가 둘이 아닌 수련이 이루어짐으로써 적극적인 삶의 방식이 생기며, 자기 욕심만 챙기는 소아적 생각에서 벗어나 큰 삶을 살 수 있다. 온 산천초목이 다 나의 분신임을 느낀다.

모든 공부가 그렇겠지만 특히 이 선관쌍수의 참선 공부는 한 만큼 큰 소득이 있다.

스스로 체험할 일이다.

수련지침

가. 예비 단계와 본격 단계의 과정을 꼭 거칠 것

나. 하루 최소 30분 좌선하면서 시심마 화두를 챙길 것

다. 관세음보살을 가능하면 또렷하게 관 할 것

라. 수행에 관하여 주위 사람들의 말을 너무 많이 듣고 흔들리지 말 것

마. 마음 공부 중에 의심나는 점이 있으면 선지식에게 물을 것

수행기간

- 한평생 내내 그리고 세세생생(**世世生生**) 동안

수행문답 A – 깨달음에 대하여

[A]

문 – 깨달음이란 무엇이며 깨달음의 대상은 있습니까?

답 – 깨달음은 본래로 존재하는 무자성의 연기적 세계입니다.

따라서 인위적 깨달음이란 있을 수 없으며 그러한 말은 중생의 입장에서 방편으로만 존재할 뿐입니다. 내가 무아가 되면 온 세계와 그냥 합일되고 마는 것이지 깨달음의 대상이 별도로 존재할 수는 없습니다.

그런 맥락에서 '나는 깨달았다.'는 말은 있을 수가 없지요. 만일 '나는 깨달았다.' 라는 사람이 있다면 이미 그는 주객의 분별심에 빠졌음을 자인하는 꼴입니다.

한편, 깨닫기 전에는 '나는 깨달아야 한다.' 는 말은 쓸 수가 있습니다.

[B]

문 – 그러면 깨달음의 세계는 있습니까?

답 – 이 세상 자체가 실재하는 깨달음의 세계입니다.

단, 우리들의 말길, 우리 범부 중생들의 생각이 끊어진 무아라야지 느껴집니다.

[C]

문 – 무아와 '참나'는 양립할 수 없지 않습니까?

답 – 수행하는 이가 철저히 무아가 되면 거기서 전혀 다른 참나 즉 진아(眞我)가 나타납니다.

[D]

문 – 무아가 되려면 어떻게 해야 합니까?

답 – '관세음보살을 관하는 이것이 무엇인고.' 즉 '무엇이 관세음보살을 관하는고'라는 화두를 참구해야 합니다.

[E]

문 – 여기서 '무엇이 관세음보살을 관 하는고'에서 '무엇'을 구체적으로 설명해 줄 수는 없나요?

답 – '무엇'은 '나'라고 볼 수 있겠죠.

'나'가 없으면 관세음보살을 관할 수 없으니까요. 도대체 '나'라는 존재가 어떤 것인가 하는 얘기입니다.

'나란 어떤 존재인가.', '자신을 살펴 보라'는 소리입니다.

[F]

문 – 그러면 마음과 '나'는 어떤 관계입니까?

답 – 마음이 곧 '나'입니다.

관세음보살을 관하는 중에 망상이 일어나면 '망상이 곧 관세음보살을 보는 마음인가?' 순간 또 배가 고프면 고픈 배를 느낌이 내 마음인가? 내 마음, 이 도대체 무엇인가? 관세음보살을 관 하는 내 마음이 도대체 어떻게 생긴 것인고 하고 '내 마음', '마음'하고 궁구해야 합니다.

[G]

문 – 그렇게 하면 마음이 찾아지나요?

답 – 그런 밀도있는 내적 연마가 결국 무아의 상태로 되어 갑니다. 완전 무아가 되면 그 자리에 잘난 자기가 버티고 서 있습니다. 그를 우리는 참자아, 자아, 참자기, 참사람, 진아라고 합니다.

[H]

문 – 참자아를 찾으면 어떤 점이 좋습니까?

답 – 외물에 끄달리기 보다 스스로 주인공이 되어서 살 수 있습니다. 그래서 참자아를 주인공이라고도 하지요.

주인공이 부리는 삶은 자율적이고 주체적이라서 하루하루가 보람의 나날이 됩니다.

[I]

문 – 우리나라 큰스님들은 다 깨달았습니까?

답 – 그런 쓸데없는 잡념이 당신 공부를 장애하고 있습니다. 남의 공부가 어느 정도인가 살필 일이 아닙니다. 자기 공부나 하십시오.
스스로 밥을 지을 일입니다.

[A]

문 – 참선을 하다보면 아무 생각없이 시간이 훌쩍 지나가 버릴 때가 있는데 그것은 잘못된 것인지요?

답 – 선정에 든 듯하나 화두에 대한 의식이 없으면 멍청한 상태이지 마음공부를 하고 있는 것이 아닙니다. 그런 경우를 무기공에 빠졌다고 하는데 수행자들이 조심해야 할 마음병입니다. 절대 그런 한적한 것을 탐닉해서는 안됩니다. 시간 보내기 위해서 앉아 있어서는 안됩니다. 더욱이 현실도피적 발상은 버려야 합니다.

[B]

문 – 그리고 어떨 때는 온갖 생각들을 하게 됩니다. 내가 도인이 되면 중생을 어떻게 제도할 것인가? 나는 배운 것도 많지 않은데...... 등등의 망상들 말입니다. 이런 유의 건설적인 생각들도 나쁜 것인가요?

답 – 참선한답시고 화두는 잡지 않고 앉아서 일으키는 온갖 생각들은 망상일뿐입니다. 아무리 좋은 생각들로 머리속을 도배를 한다 하더라도 그것은 버려야 할 똥 보다 못한 것입니다. 그러니 나쁜 생각은 더 말할 나위가 없겠지요. 선도 생각지 말고 악도 생각지 말아야 됩니다. 화두 이외에 이런 저런 궁리를 짓는 것을 도거(掉擧)라고 하는데

이 또한 마음 공부에 있어서는 병일뿐입니다. 중생까지 걱정말고 지금 당장 자기 걱정이나 하십시오.

[C]

문 – 화두가 잘 안 잡혀요. 관세음보살만 똑똑히 관하면 안 되나요?

답 – 화두가 잘 들려지면 좋겠지만 그렇지 않을 경우에는 우선 관세음보살 관 하는 수행이라도 열심히 해야 합니다. 이 관법의 수행은 옛날부터 인도와 남방 지역에서 많이 해오던 수행법입니다. 위빠사나라고 많이 알려져 있지요. 요즘 수행자들이 위빠사나가 정통이니 아니니 하고 논쟁거리로 삼는데 다 쓸데없는 짓들을 하는 것입니다. 위빠사나와 간화선은 대립의 두 사안이 아니라 서로 보완의 관계에 있으면서 선, 후의 발생시기가 다를뿐입니다. 간화선(看話禪)을 한다 하더라도 위빠사나가 기본으로 되어 있어야 합니다. 관세음보살이 잘 관해지면 시심마 즉 '이 무엇인고?' 화두를 잡으십시오.

[D]

문 – 간화선은 언제쯤 나왔나요?

답 – 간화선은 송나라 10C초 대혜종고 스님 때에 정형화되고 보편화되었으나 이미 6C – 9C 무렵부터 스승되는 이들이 제자들을 제접하는 방법으로 말 이전의 도리를 사용하였습니다. 그러면서 이를 화두라고 하였지요. 공안이라고도 하는데 관공서 문서처럼 믿을 수 있고 확실하다는 뜻으로 쓰여졌습니다. 차차 임제종으로 발전하였지요.

[E]

문 – 제자를 제접하는 특별한 상황에서 나온 것이 개개의 화두라면 똑같은 화두가 여러 사람에게 적용된다는 것은 무리가 아닐까 생각이 되는데요.

답 – 맞는 말입니다. 처음 화두는 절절한 의문이 일어날 만한 특수상황이 있었는데 1000년 지난 이 세월에도 똑같은 화두를 잡는다면 그것은 분명 문제가 있습니다. 그래서 나온 것이 본 납승이 제창한 선관쌍수의 특별한 수행법입니다.

[F]

문 – 이해가 잘 되지 않습니다. 특수 상황의 화두 하나만 소개해 주시지요.

답 – 간시궐(乾屎橛)이란 화두가 있습니다. 간시궐이란 우리말로 마른 똥 막대기란 뜻입니다. 이 화두가 나온 상황은 이렇습니다.

운문이란 스님께서 똥을 치고 있었습니다. 한 짐 똥통을 지고 가서 보리밭 가운데 두었습니다. 그리고 보리뿌리에 거름으로 주려고 가라앉은 인분찌꺼기를 휘휘 젓게 되었습니다. 그래서 보리밭 이랑사이에 꽂아둔, 마른 똥이 덕지덕지 붙은 막대기를 막 잡았습니다.

그때 한 수좌가 찾아와서 저만치서 갑자기 물었습니다.

"스님! 부처가 무엇입니까?"

스님께서는 말라붙은 똥막대기를 들어보이면서 즉각 대답을 내리셨습니다.

"간시궐이니라."하고 고함을 질렀던 것입니다.

수좌는 은산철벽(銀山鐵壁)을 만난 듯 털썩 주저 앉았습니다.

'똥막대기가 부처라니, 저 똥막대기가 부처라니……'

그 수좌에게는 그것이 마음의 큰 숙제가 되었습니다.

똥막대기가 화두가 된 것입니다.

화두는 다 이렇게 특수한 상황 아래서 생겨난 것입니다.

[G]

문 - 그럼 그때 당사자가 아니고는 실감이 잘 나지 않을 수도 있겠네요?

답 - 그렇습니다.

그래서 과거 1700공안이 현재에 와서는 문제가 된다는 것이지요.

화두는 말 그대로 자기문제가 되었을 때 그 역할을 하게되는 것인데 남의 얘기가 어떻게 화두가 되겠습니까. 철저한 자기 살림살이를 위해서 참선수행을 하잖아요. 그런데 다른 사람의 경우를 가지고 자기

본분사(本分事)로 삼으라 하니 참으로 기가 찬 일이며 자가당착(自家撞着)이라 하지 않을 수가 없지요.

[H]

문 – 주위에 보면 누구로부터 '화두 탔다'라는 말을 하는데 그러한 경우에도 기존의 화두들을 하나씩 얻어오는 것인가요?

답 – 그렇지요. 실질적 상황 전개는 전혀 없고, 그렇게 필요한 물건도 아닌 것을 장식용 물건처럼 수천가지 물건 가운데서 하나 얻어오는 경우가 많지요. 신도들이 지니고 있다는 '마삼근', '무', '정전 백수좌' 따위의 화두가 다 그런 셈입니다.

'스님 화두 타러 왔습니다' 하면 '그럼 마삼근 하거라' 하는 정도입니다.

울 수도 웃을 수도 없는 일이 많습니다.

어떤 신도들은 제방의 큰 스님들을 찾아다니면서 화두를 잔뜩 끌어모으는 경우도 허다합니다. 화두를 많이 가지고 있는 사람일수록 대보살이라니 소도 다 웃을 일입니다. 참된 공부를 해야지 그런 절 도깨비가 되어서 무얼 하자는 것인지…….

[I]

문 – 옛날식 화두라도 믿는 스님이 있어서 화두를 타게 될 때는 어떻게 하면 좋을런지요.

답 – 좋은 질문입니다. 그럴 경우에는 그 스님에게 그 화두가 어떻게 나오게 되었는지 구체적 이야기를 해달라고 해서 내가 화두가 나올 그때 당시의 주인공이 되어 오래 전 특수 상황을 자기 상황으로 받아들이고 진실로 느껴야 합니다.

[J]

문 – 진실로 느끼지 못하면 화두가 아닌가요.

답 – 그렇습니다. 그것은 알아 들을 수 없는 괴상한 언어일뿐입니다.

[K]

문 – 가만히 생각해보니 현재 자기문제로 삼을 수 있는 유일한 화두가 시심마 화두가 되겠는데요?

답 – 아주 잘 보았습니다. 시심마란 이미 위에서 살핀대로 '내가 누구인가.', '내마음이 무엇인가.'를 돌아보는 일이므로 지금 당장 누구에게나 다 적용될 수밖에 없는 화두가 되는 것입니다. 사람 사람 개개인에게 언제고 특수한 상황이 될 만한 것이지요.

[L]

문 – 선관쌍수는 결국 시심마 화두와 관계가 있나요?

답 – 예. 선관쌍수의 참선법은 단순한 정신집중 단계에서 다원적 정신집중단계로 승화된 특별한 방법입니다.

그냥 '시심마' 하면 구체성이 떨어져서 금방 싫증이 나고 잘 안 됩니다. 그런데 관세음보살을 지극정성 관 하면서 '이 관 하는 것이 도대체 무엇인고.' 하고 궁구한다면 최상의 마음공부가 되는 것입니다.

[M]

문 – 한 가지 덧붙여 여쭈고 싶습니다. 묵조선과 위빠사나는 같은 것입니까?

답 – 사실은 묵조선이란 말은 간화선 하는 사람들이 억지로 지어낸 말입니다.

간화선법이 나오기 전에는 위빠사나가 있었지요. 이 위빠사나가 중국 한자어로 묵조선이 된 것이지요. 이 위빠사나에서 좀 더 역동적으로 발달된 선법이 간화선이라 할 수 있습니다. 수행의 방법은 얼마든지 경험에 의해서 발달될 수 있는 것이니까요.

위빠사나하는 사람들은 이러한 점을 수긍하고 받아들여야 합니다.

그렇다고 간화선하는 사람들이 위빠사나하는 사람들을 아주 하찮은 무리들로 매도해서도 안 되리라고 봅니다. 위빠사나하는 사람들 중에도 훌륭한 사람이 많습니다.

[N]

문 – 간화선을 통하지 않고 유명한 분들이 우리나라에도 계십니까?

답 – 그럼요.

간화선법은 통일신라 말의 도의(道義)스님께서 당나라 유학하면서 임제종 계통의 서당자장 스님에게서 비로소 그 법을 전수받았지요. 그러니 그전에 계셨던 수많은 고승들, 예를 들면 원효, 의상, 원광, 지장, 혜통스님 등은 요즘 같은 간화선법에 의지하지 않고 진리의 세계에 드신 분들입니다.

[O]

문 – 마지막으로 한 가지만 더 여쭈겠습니다. 요즘 많이 행해지는 기도는 어떻게 보아야 할까요?

답 – 기도도 훌륭한 수행입니다. 말의 어감이 좋지 않아서 간화선만 하는 이들은 거부감을 갖는 것도 사실입니다만 기도가 곧 위빠사나라고 보면 됩니다. 위빠사나의 가장 핵심은 몸과 생각에 일어나는 것을 놓치지 않고 보는 것입니다. 기도도 마찬가지입니다. 기도의 가장 일반적인 패턴이라고 할 수 있는 정근은 아주 훌륭한 관법의 수행입니다.
기도라고 하니까 무조건 부처님께 비는 것으로 오해하는 수가 많은데 실은 그렇지 않습니다.
기도는 염불정근입니다. 염불로써 아주 정미롭게 부처님을 친견하는 수행입니다.
의상스님의 백화도량 발원문에 보면 이러한 구절이 있습니다.
'제자는 세세생생에 관세음보살을 일컬어 본사로 삼되 보살이 아미타 여래를 이마에 이고 계신 것 같이 제자 또한 관음대성을 이마 위에 정대하고……'
바로 이것입니다. 기도는 훌륭한 수행입니다. 기도의 범주에 들어가는 독송, 사경, 참법 수행, 절하기, 진언 외우기 등이 다 하나같이 관법의 수행입니다.
본 납승이 권하는 선관쌍수는 바로 이런 기본적인 기도수행을 전제로 하여 간화선을 접목한 가장 현실적이고 확실한 수행법입니다.
수행법은 사람의 근기에 따라 다를 수 있고 수행의 방법 또한 얼마든지 발달할 수 있습니다.
간화선법이 처음 나왔을 때는 일반 서민들로부터 대단히 각광을 받았습니다. 특히 글을 모르는 무인(武人)들이 좋아했다고 합니다. 간화선 보급에 공이 큰 대혜종고 스님의 서장에 보면 총 62편의 편짓글 가운데서 60편이 재가 불자들과 나눈 이야기들입니다.

간화선법은 결코 어렵지 않고 누구나 할 수 있는 수행이었습니다. 그래서 간화선법이 삽시간에 퍼진 것입니다.
간화선법이 그랬던 것처럼 선관쌍수는 이 시대 꼭 필요한 참선 수행법입니다. 간화선법을 더욱 업그레이드한 수행법이 선관쌍수입니다.
선관쌍수를 하게 되면 그 속에 기도는 당연히 포함되어 있습니다.

수행문답 C – 화두에 관하여

[A]

문 – 화두(話頭)를 잡을 때 잡생각이 많이 일어납니다. '잡생각을 일으키면 안되지' 하고 다짐을 하지만 잘 안 됩니다. 조언 부탁드립니다.

답 – '잡생각을 말아야지.' 하는 자체가 잡생각 즉, 망상입니다. 망상을 원수 보듯 할 것이 아니라 그냥 내버려두고 화두 쪽으로 쫓아오시면 됩니다.

[B]

문 – '부처가 그리 쉽게 될 것 같으면 다 부처 되지.' 하고 말들을 합니다. 정말 그 길이 요원하다고 해야 맞습니까?

답 – 그 길이 요원한 것이 아니라 당신의 그 생각이 요원할뿐입니다. 한 발 한 발 내딛는 것만이 상책입니다.

[C]

문 – 얼마나 해야 부처가 됩니까?

답 – 화두 잡는 순간은 부처요, 화두 놓치는 순간은 중생입니다.

[D]

문 – 그 원리를 좀 설명하여 주십시오.

답 – 화두는 육진(六塵)의 침범을 막아주는 방패이며 오온(五蘊)의 활동을 무찌르는 창끝입니다. 그러니 화두가 들려있는 순간은 자기 자신이 잘 보호되고 있는 것이지요. 외물에 오염되지 않고 객관의 경계에 끄달리지 아니하면 부처지만, 그렇지 않으면 중생인게지요.

[E]

문 – 좀 다른 얘기지만, 망상이 지혜라는 말도 있던데요?

답 – 망상이 곧 지혜지요.

[F]

문 – 망상이 어찌하여 지혜가 되는지 그 원리를 좀 가르쳐 주십시오.

답 – 우리들은 시시각각 번뇌 망상을 부립니다. 한 찰나 지간에도 천사량만계교(千思量萬計較)를 꾸밉니다. 화두는 이러한 중생들의 뒤끓는 망상을 일시에 가라앉힙니다. 화두를 잘 잡으면 망상은 금방 화두의 에너지로 전이되고 말지요. 곧 화두 일념(一念)으로 빨려든다는 말입니다. 나아가 화두를 더욱 열심히 챙기다 보면 무념(無念)이 됩니다.

이 때의 이 무념은 멍청한 상태가 아니라 의식이 너무도 또렷한 무념입니다. 예를 들어, 선풍기 날개가 아예 없는 것이 아니라 성능을 충분히 발휘하다 보니 날개가 보이지 않는 이치입니다. 선풍기 날개가 보이지 않아야 훌륭하듯이 참선에 있어서도 무념이 되어야 제대로 수행한다고 할 수 있습니다. 이 무념에서 실상을 직시할 수 있는 지혜가 생겨나는 것입니다. 보이지 않는 선풍기 날개라야지 바람을 얻을 수 있듯이.

[G]

문 – 그럼 망상(妄想) 많은 것에는 집착할 이유가 없네요.

답 – 그렇지요. 망상 때문에 범부중생의 노릇을 하는 것은 사실이지만 그렇다고 범부 중생의 입장에서 망상 없다면 식물인간이나 다를 바 없지요.

망상 · 번뇌 즉 보리 · 지혜입니다.

[H]

문 – 끈질기고 오래된 번뇌는 없나요?

답 – 지금 신경써야 할 곳은 화두를 여하히 잘 잡느냐 마느냐 하는 것입니다. 정말 망상이 많으네요.

천 년이나 된 동굴이 있다고 칩시다. 그 깜깜함이 천 년 아니 만 년이 되었다하더라도 불이 켜지면 일시에 어둠은 없으집니다.

우리 마음공부의 이치도 이와 같습니다. 번뇌는 오래되고 말고 할 것이 없습니다.

[I]

문 – 조금 전에 지혜에 대해서 조금 언급하셨는데 지식과 지혜는 다른 것입니까?

답 – 예. 다릅니다.

지식은 외부정보에서 얻어진 것이지만 지혜는 내면에서 솟아오른 샘물과도 같은 것입니다. 지식은 분별망상을 일으키고 얕은 꾀를 부립니다만 지혜는 다릅니다.

지혜는 사물을 여실히 보는 직관 능력입니다. 그리고 지혜는 순수한 의식 집중에서 비롯되었기 때문에 대단히 담백하고 우주적입니다.

한편, 지식은 때때로 잔인할 수도 있지만 지혜는 언제나 한없이 자비롭습니다. 사람이든 자연이든 존재들을 죽이는 일과 존재들을 살리는 일은 확연히 다른 데 지식은 해치고 죽이는 일이 비일비재하지만 지혜를 쓰면 실수가 없습니다.

지혜는 분별 망상이 사라진 곳에서 나타납니다. 일렁이던 물결이 가라앉고 명경지수가 되면 그 곳에는 온 삼라만상이 차별없이 있는 그대로 비추어지지요. 바로 그러한 자리가 지혜입니다.

그래서 수행하여 지혜로운 사람은 사물을 보는 안목이 정확하면서도 그 마음씀이 늘 따뜻합니다.

완전한 지혜는 무한자비, 무한사랑을 내포하고 있습니다.

[J]

문 – 그러면, 무조건 좋게 보고 무조건 긍정적으로 생각하는 것이 지혜있는 삶인지요?

답 – 그렇지는 않습니다.

지혜로운 사람은 이미 무아의 광활한 연기적 세계에 들었기 때문에 내가 이미 그의 입장에 서 있습니다.

그래서 공간적 인연관계뿐 아니라 시간적 인과 관계까지 뚫어보고 있기 때문에 그 행함이 대단히 철저합니다.

그래서 그의 일처리는 어떤 경우라 하더라도 자비행이 될 수 밖에 없습니다. 왜냐하면 그는 이미 상대의 자리에서, 온 세월과 온 공간을 함께 하고 있기 때문입니다.

지혜는 곧 자비와 연결됩니다. 그렇다고 하여 무조건 좋게 보고 무조건 긍정적으로만 보지는 않습니다. 화를 낼 때도, 매를 들 때도 있습니다. '무한자비'라 해서 늘 허허 실없이 웃기만 하는 것과는 사뭇 다릅니다. 아이러니컬한 것은 비록 부정적으로 보는 한이 있더라도 그

것 자체가 자비행이 된다는 사실입니다.

[K]

문 – 그러면 그러한 지혜는 증득되는 것입니까?

답 – 더러는 얻는다고는 하지만 그것은 잘못된 표현입니다.

지혜는 사람사람 두두물물(頭頭物物)이 다 본래로 갖추고 있습니다. 범부중생들은 쓰지 못할뿐이고 공부가 된 이들은 자기 것으로 마음껏 씁니다. 일단 마음 공부를 열심히 할 일입니다.

[L]

문 – 화두를 열심히 잡으라는 말씀이네요. 화두를 잡을 때 특별히 유념해야 할 사항이 있으면 일러주십시오.

답 – 잘났다는 생각을 버려야 공부가 됩니다. 입차문내막존지해(入此門內莫存知解)란 말이 있듯이 화두는 일체 사량 분별심을 놓아버리고 밀어붙여야 합니다.

[M]

문 – 좀 더 구체적으로 일러 주십시오.

답 – 믿는 마음이 있어야 합니다.

[N]

문 – 참선에서도 믿음이 필요하나요.

답 – 그렇습니다. 철저히 믿는 마음이 있어야 합니다. 대신근(大信根)이라는 표현을 씁니다. 자신과 화두에 대하여 강한 확신이 있어야 공부가 됩니다.

[O]

문 – 참선하다가 싫증이 나면 어떻게 해야합니까?

답 – 모든 일은 슬럼프가 있기 마련입니다. 참선도 예외일 수가 없습니다. 늘 초심으로 돌아가서 마음을 새로이 가져야 합니다. 오직, 각오를 세워 정진해야 합니다. 대분지(大憤志)를 일으켜야 합니다. 그러한 계기를 삼을려면 스승이나 선지식을 찾아다니며 가르침을 듣거나 옛 스님들의 행장(行狀)을 읽어보는 것도 좋은 방법입니다.

[P]

문 – 어떤 때는 타성에 젖어 화두에 대한 간절한 문제의식을 놓칠 때가 있습니다. 문제의식이 없어도 화두가 될 수 있습니까?

답 – 그렇지 않습니다. 화두에 대한 문제의식이 없다면 공부가 잘 안되고 있는 것입니다. 화두 잡는 수행자가 '왜', '무엇'을 놓치면 밥이나 축

내는 산송장일뿐임을 알아야 합니다. 문제의식이 없다면 간화선이 못 됩니다. 간화선의 가장 큰 동력은 대의정(大疑情)입니다.

참고로, 위에서 언급한 대신근, 대분지, 대의정을 참선의 3요소라고 합니다.

[Q]

문 – 선관쌍수에서의 요체도 화두에 있습니까?

답 – 그렇습니다. 관세음보살을 또렷이 관하면서 '관하는 이 물건이 무엇인고.'를 궁구해야 합니다.

수행문답 D – 견성성불에 대하여

[A]

문 – 선(禪)은 무엇입니까?

답 – 선은 곧 참마음입니다. 참고로 말씀드리면 교(教)는 참 말씀이요, 율(律)은 참 행동이라고 볼 수 있습니다.

[B]

문 – 마음은 또 무엇입니까?

답 – 마음은 본래로 밝고 밝은 그 자리입니다. 마음이라 하지만 이름 붙일 수도 없는 그 무엇입니다.

[C]

문 – 왜 보통사람은 그 마음을 보지 못합니까?

답 – 미혹 때문입니다. 천 개의 태양보다 밝은 빛으로 우리들을 밝히고 있으나 미혹(迷惑)의 구름에 가려서 보지 못할 따름입니다. 만일 그 구름이 벗겨지기만 하면 세상은 안팎으로 환해집니다.

[D]

문 – 구름을 벗겨내려면 어떻게 해야 합니까?

답 – 참선 정진하면 됩니다. 간단합니다. 안 해서 그렇지 하기만 하면 세수하다가 자기 코 만지기보다 쉽습니다.

[E]

문 – 견성성불(見性成佛)도 그렇습니까?

답 – 관점의 차이지 결국은 같은 개념입니다. 마음은 그 본래성(本來性)에서 말하는 것이고 견성성불은 중생의 분상(分上)에서 본래의 성품에 접근해 가는 말입니다.

[F]

문 – 견성성불의 구체적인 설명을 부탁드립니다.

답 – 본래의 성품을 보는 것이 자기 부처를 이루는 일입니다.
본래의 성품은 선악이 없으며, 대소가 없으며, 안팎이 없으며, 생멸(生滅)이 없습니다. 어느 때나 청정무구한 절대의 경지이며 영원불변한 자리입니다. 이런 차별이 없는 본성을 보았다함은 우주 그대로 계신 법신의 부처님과 하나가 되었다는 것이요, 내심의 부처가 완성되었다는 뜻입니다.

[G]

문 – 성불이라고 할 때 부처님은 세속적 표현으로 어떤 분이라 할 수 있는지요?

답 – 완전한 인격자란 뜻입니다. 붓다라고 하지요. 참 마음 자리에 계합하신 분, 붓다는 이 세상에서 가장 존경받아 마땅한 분입니다.

[H]

문 – 참 마음자리에 계합한 것이 뭐 그리 대수입니까? 다 자신만이 좋은 게 아닙니까?

답 – 그렇지 않습니다. 그 한 분으로 인하여 온 우주가 향기로울 수 있습니다. 참마음은 그 분의 안에만 있는 것이 아니라 밖에도 함께 있습니다.

그래서 견성성불한 이는 자신이 우주임을 알기 때문에 한없는 자비심을 일으킵니다. 세상의 성인들이 다 그런 분들입니다.

[I]

문 – 그러한 분들은 돈오돈수(頓悟頓修)한 것입니까? 돈오점수(頓悟漸修)한 것입니까?

답 – 본래는 그러한 일이 없습니다. 말장난일뿐입니다. 열심히 화두를 챙겨 무아가 되면 참마음과 계합합니다. 거기에 무슨 더디고 빠름이 있겠습니까! 할 일 없이 심심한 사람들이 지어낸 말에 휘둘린다면 어느 천 년에 공부가 되겠습니까! 부처님의 경전 구절 그 어디에도 돈오돈수니, 돈오점수니하는 말은 없습니다.

수행문답 E – 직지인심에 대하여

[A]

문 – 세상의 가치는 어디서부터 출발합니까?

답 – 나로부터 출발합니다. 그러니 자신을 바로 볼 줄 알아야 합니다.

[B]

문 – 나 자신을 찾는 참선과 다른 종교, 다른 학문은 어떻게 다릅니까?

답 – 다른 종교, 다른 학문들은 모든 가치를 나 이외의 바깥에 둡니다. 즐거움, 행복, 영원 등의 가치 말입니다. 그들은 신기루 같은 무엇을 찾아서 밖으로 밖으로 치달립니다. 반면 참선하는 이들은 그러한 고귀한 것들이 내 안에 있음을 확인합니다. 내 자신 안에 고스란히 놓여있는 아름다움을 볼 줄 아는 안목을 참선은 가르칩니다.

[C]

문 – 좀 더 구체적으로 말씀해 주십시오.

답 – 자주 이런 질문을 받습니다. '신이 있습니까?, 신이 없습니까?'
가만히 생각해 보십시오. 신은 있다면 있고 없다면 없는 것입니다. 그러니 그러한 따위의 어리석은 질문은 하나마나입니다. 오히려 신의 유무에 대해서 제멋대로 장난치는 그놈의 마음을 들여다 볼 일입니다. 이 마음이 도대체 무엇인고하고 참구(參究)해야 합니다. 마음은 그 모든 만물 가운데서 가장 근원적인 위치에 있습니다. 마음이 신도 만들고 악마도 만듭니다. 그래서 일체유심조(一切唯心造)라고 합니다.

[D]

문 – 마음 찾는 공부가 그리 쉽지 않을 것 같은데요.

답 – 그렇지만 우리는 해야 합니다. 그래야 주인된 삶을 살 수 있습니다. 객관에 질질 끌려 다니는 인생이 아니라 이제 우주의 중심에 우뚝 설 절호의 찬스가 왔음을 잊어서는 안되지요.

[E]

문 – 주인된 삶에 대해서 좀 더 말씀을 해 주시지요.

답 – 축구의 경우를 보십시오. 축구를 잘하는 사람은 경기 내내 공을 치고 달리며 공을 가지고 즐깁니다. 공의 주인이지요. 반면 축구를 못하는 사람은 경기 내내 공만 따라다니다가 체력만 소진합니다. 공의 노예 노릇이나 하고 있자니 공차는 일이 죽을 지경이지요.

그와 같습니다. 참선 공부를 제대로 하면 부림을 당하는 비참한 인생이 아니라 삶을 부리며 살아가는 멋진 인생이 됩니다.

[F]

문 – 불교를 잘 모르는 사람들이 명상을 한답시고 참선과 동일시하는 경우가 있는 것 같은데 좀 알고 싶습니다.

답 – 세속의 명상은 참선의 입장에서 보면 망상이나 피우고 있는 짓입니다. 참선은 자기 본심을 곧바로 가리키는 것 즉 직지인심(直指人心)의 본질적인 공부입니다.

보통 명상이라 하면 과거 회상도 하고, 미래 설계도 하는 것을 말합니다만 참선은 그와는 정반대입니다. 오히려 그런 잡다한 생각을 일시에 끊어버리려고 화두라는 취모검(吹毛劍)을 차고서 버티는 것이지요.

마음 마음 하지만 우리의 사유대상으로서의 마음은 결코 참마음이 아닙니다. 사유하는 그 자체가 비로소 참마음입니다.

마음은 주체이므로 그것이 대상화되면 벌써 그 본성을 잃게 됩니다.

수행문답 F – 불립문자에 대하여

[A]

문 – 참선에서는 문자를 전혀 쓰지 않습니까?

답 – 그렇지 않습니다.

[B]

문 – 그럼 왜 불립문자(不立文字)라는 말을 쓰지요?

답 – 문자에 집착하지 않기 때문입니다.

[C]

문 – 무시해도 된다는 얘기입니까?

답 – 무턱대고 무시한다면 그 또한 불립문자가 아닙니다. 무시는 집착과 똑같은 병통입니다.

[D]

문 – 불립문자에서 문자의 분명한 뜻은 무엇입니까?

답 – 범주 즉 카테고리입니다.

[E]

문 – 카테고리가 무조건 나쁜 것입니까?

답 – 그렇지는 않습니다. 수련기간에는 필요합니다.

[F]

문 – 그럼 불립문자는 무엇입니까?

답 – 수행이 깊어져서 저절로 형식, 틀에 매이지 않게 되었다는 것입니다.

[G]

문 – 그런 경지에서는 행복합니까?

답 – 그렇습니다. 모든 구속, 질곡으로서의 형식에서 벗어난 것이므로 자유를 성취한 것입니다. 윤회의 원동력인 번뇌에도 매이지 않게 되었으니 대자유를 성취하게 된 것이지요.
자유로운 만큼 행복합니다.

[H]

문 – 우리 범부중생들은 조그만 자기 고집에 갇히어서 서로가 자기 주장만을 하고 반목들을 하는데 참선을 하면 그런 것들도 고칠 수 있나요?

답 – 그렇습니다. 자기 고집은 고정관념, 선입견으로 비롯되는데 그 자체가 실체가 없음에도 불구하고 모두들 거기에 매여 아등바등 살지요. 이제는 그런 낡은 옷들일랑 훌훌 벗어 던지고 산뜻한 옷으로 갈아입고 세상을 재미나게 살아야 합니다. 그래야 본인도 살맛이 나고 이웃들도 그를 활달한 사람이라 좋아합니다.

그런데 그러한 마음씀이 그냥 되어지는 것이 아닙니다. '선입견, 고정관념을 버려야지.' 하지만 내적 공부가 되어 있지 않으면 일시적 다짐에 그치고 맙니다.

[I]

문 – 불교적 수행이나 불교를 잘 모르는 사람들도 선입견 없이 자유롭게 사는 사람도 있잖아요?

답 – 물론입니다. 늘 깊숙히 그리고 입체적으로 생각해야 합니다.

이 인생이 여기 와서 한꺼번에 모두 이루어졌겠거니 하지만 결코 그렇지 않다는 사실입니다. 수억 겁 세월을 살아오면서 이 한 생은 순간 거쳐가는 과정인 것입니다. 이미 그와 같이, 선입견 없이 자유로운 이들은 이미 마음 공부가 전 세월부터 많이 되어 왔습니다. 옆에서 잘 지켜보면 그러한 기운을 느끼게 될 것입니다.

[J]

문 – 잘 사는 삶이란 선입견, 고정관념을 버려야 마땅하네요?

답 – 그렇지요.

과거 만났던 누군가가 현재 대하고 있는 이 사람이랑 모든 조건이 똑같다 하더라도 즉, 용모, 학력, 나이, 취미, 특기가 비슷하다 하더라도 과거 그 사람의 것은 일체 배제하고 지금 면전의 사람을 대해야 합니다. 과거의 그 사람이 지금의 이 사람이 아니므로 일체 선입견을 배제하고 대해야 합니다. 사람이 다르면 모든 게 달라집니다.

비록 똑같은 사람, 즉 그 사람이 그 사람이라 할지라도 어제 다르고 오늘 다릅니다. 어제 만난 사람을 두고 오늘 다시 어제의 잣대를 들이대면 안 됩니다.

지혜롭게 생각할 일입니다. 모든 진실은 현재 그대로 당신 앞에 전개된 그 사실만 전부입니다.

우리는 사람이든 자연이든 나날이 새로운 기분으로 대할 때 그 상대를 바로 볼 수 있습니다.

좋은 관계, 좋은 날은 내 마음가짐이 만들어 가는 것입니다.

수행문답 G - 교외별전에 대하여

[A]

문 - 교외별전(敎外別傳)이라 하면 무엇이 따로 전해 왔다는 것입니까?

답 - 따로 전하고 말 것이 없습니다.

[B]

문 - 그런데, 왜 교(敎)밖에 따로 전했다는 교외별전이란 말이 있습니까?

답 - 교에 집착하여 공부에 진척이 없기 때문입니다.

[C]

문 - 교리는 무시해도 좋다는 것입니까?

답 - 스스로 반조(返照)하여 볼 일입니다. 자신 있으면 무시하고 그렇지 않으면 경외(敬畏)해야 합니다.

[D]

문 - 어떤 이들은 교외별전의 의미로서 마음을 전했다고 하던데요?

답 - 그것은 엉터리입니다. 느낌이 통했다는 것뿐입니다. 마음은 누구에게나 본래로 다 구족되어 있습니다.

[E]

문 – 더러 교외별전이라고 말하는 이유는 어디에 있습니까?

답 – 중생을 가르치기 위한 방편입니다.

[F]

문 – 부처님께서는 몇 번의 방편을 쓰셨습니까?

답 – 부처님의 일거수 일투족이 모두 방편이었습니다. 그런데, 모든 중생들이 눈봉사요, 귀머거리라서…….

[G]

문 – 눈봉사나 귀머거리도 알아들을 수 있는 방편을 소개해 주십시오.

답 – 부처님께서 한번은 영축산에서 법문을 하시다가 대중들에게 연꽃 한 송이를 들어 보이셨을 때, 일체대중들이 그 의미를 몰랐는데 오직 가섭존자만이 빙그레 웃었다는 소식입니다.

그리고 둘째는 부처님께서 다자탑이라는 돌무더기를 법상(法床) 삼아 법문을 하실때, 늦게 도착한 가섭존자를 보자 슬그머니 당신 자리의 반을 비켰는데 가섭존자가 알아차리고 말없이 그 옆에 가서 앉았다는 소식입니다. 셋째는 부처님께서 육신의 겉옷을 벗고 완전한 열반에 드시어 부처님을 모신 관이 두 그루 사라수나무 사이에 모셔졌을 때, 어디갔다 늦게 돌아온 가섭존자가 통곡을 하면서 그 관 주위를 돌자 부처님이 관 밖으로 두 발을 내어 보이셨는데 가섭존자가 그 도리를 알고 눈물을 그쳤다는 소식입니다.

이를 삼처전심(三處傳心)이라고 합니다.

[H]

문 - 그러면, 교 이외에 따로이 전한다고 하지만, 위의 사실들이 교에 의지하여 전해 왔다면 결국 교가 필요한 것이 아닌가요?

답 - 교는 달을 가리키는 손가락입니다. 손가락은 무척 중요합니다. 그렇지만 손가락만 쳐다보고 있어서는 큰 일입니다.

물맛은 설명으로는 철저히 알지 못합니다. 직접 마셔야 합니다.

진리도 그렇습니다. 직접적인 체험이 중요합니다.

여기에는 선관쌍수의 참선이 최고입니다.

[I]

문 - 그렇게 하면, 박복하고 어리석어서 겪는 이 한 많은 중생놀음을 고칠 수 있나요?

답 - 그렇습니다. 참선은 스스로 자신의 혁신을 꾀하는 수행입니다.

오탁악세의 이 사바세계를 상락아정(常樂我淨)의 정토세계로 바꾸려면 자기혁신이 선행되야 합니다. 밖으로 치닫던 에너지를 안으로 잡아들이는 수행을 하게 되면, 즉 회광반조(廻光返照)하게 되면 그 속에 자기 보물이 본래 갖추어져 있음을 알게 됩니다. 그때 우리는 덩실덩실 춤을 추며 잔치를 벌입니다.

[J]

문 – 인생은 그런 대로 살 만한 것이네요.

답 – 예, 인생은 삶 자체가 희망이요, 행복입니다.

모든 존재가 그렇듯이 인간은 본래로 부처요, 완성입니다.

선관쌍수의 참선법을 통하여 자기 혁신을 이루면, 두두물물(頭頭物物), 이 세상 이대로 깨달음의 천지임을 느끼게 될 것입니다.

정진하고 정진합시다.

해 떠서 낮이 되고, 별 총총하여 밤이 됩니다.

땅은 우뚝 솟아 산을 이루고, 물은 낮은 곳으로 흘러 바다를 이룹니다.

참 좋은 인연입니다.

체험소감

체험소감

심화응용

마음공부 방법 및 깨닫는 길

無一 우학 스님의

마음공부 방법 및 깨닫는 길

참선 수행의 체계,

선관쌍수(禪觀雙修)

1. 들어가는 말

마음 닦는 일체 수련은 다 참선이다.

그런데 이 참선의 방법이 다기망양(多岐亡羊)한 관계로 초심자들에게는 상당한 혼란이 초래된다. 때문에 참선이 오히려 마음을 방황하게 하는 수가 많다.

아울러 참선의 비효율성 문제가 흔하게 대두되는 것이 사실이다. 따라서 참선 수행의 객관적 체계는 너무나 중요하고 절박하다.

참선수행의 체계성 확립은 한 개인의 바른 마음수련은 물론 참선의 대중적 보급에도 반드시 필요하다.

본인은 참선 수행의 방법을 4단계로 나눈다.

不二得力(불이득력)의 단계,

觀佛三昧(관불삼매)의 단계,

五蘊法身(오온법신)의 단계,

禪觀雙修(선관쌍수)의 단계가 그것이다.

2. 본론

(가) 제 1단계 – 不二得力의 수행

둘 아님의 힘을 얻는 단계이다. 참선 수행의 첫 단계로서 아주 기초적이면서도 원론적이다. 들 뜬 흥분상태를 우선 임시적으로 진정시킬 수 있는 수행이다.

예를 들면 극단적 분노를 가라앉힌다거나, 허황한 탐심의 발동을 억제 한다거나, 깊은 터널 속의 망상에서 빠져 나오는데 아주 좋은 수행이다.

이 수행의 가장 좋은 소재는 신묘장구대다라니이다. 물론 일반 경전도 다 소재가 될 수 있으나, 뜻풀이가 필요치 않고 외울 수 있는 다라니 형의 종류가 좋은데, 그 길이 또한 신묘장구대다라니가 적당하다. 신묘장구대다라니 1편을 적어도 1분 이내에 읽어야 한다. 빨리 읽을수록 좋다. 그래서 다라니를 끊임없이 반복해 가는데, 횟수를 정해놓고 독송하든가 시간을 정해놓고 독송 하면 된다.

이 불이득력의 요체는 몰입이다. 완전한 몰입, 완전한 정(定)에 들도록 수련해야 한다.

그래서 다라니도 없고 본인도 없는 즉, 다라니와 독송자가 완전히 하나가 된 자타합일(自他合一)의 경지에 들어가야 한다. 그리하여 위에서 열거한 과도한 진심(瞋心), 탐심(貪心), 치심(癡心)이 수련 시간만이라도 억제 또는 쉬어져야 한다. 불이득력(不二得力)의 수행은 남방에서 일컫는 사마타인데 참선 수행의 기본이다.

(나) 제 2단계 觀佛三昧의 수행

부처님을 관(觀)함으로서 얻는 삼매의 단계이다. 참선수행의 두 번째 단계로서 아주 실용적이면서도 현실적이다. 산란한 마음을 잡드리해서 극히 현재적인 자기 위치로 돌아가게 하는 수행이다.

관 즉, 비파사나 수행은 부처님 당시부터 있어왔던 참선 방법인데 그 종류 또한 아주 많다. 그 중의 하나가 관불삼매의 수행이다. 이 관불삼매의 수행을 하기 위해서는 앞에서 제시한 『예비단계』 수행을 꼭 해보아야 한다.

남방지방에서 행해지는 부정관(不淨觀)에서 부터 수식관(數息觀), 그리고 요즘 유행하고 있는 도보관(徒步觀)등이 나름대로의 특징이 있고 다 중요한 것임에 틀림없다.

이 관의 수련은 욕망에 반응하지도 않고 욕망에 구속되지도 않는 힘을 기른다. 말 그대로 '알아차림'이 지속되는 한, 욕망이 개입될 여지가 없다. 무의식적 본능을 억지로 통제하려는 의지조차 갈 곳 없게 하는 수련이 이 관법(觀法)이다. 그저 볼 뿐이다. 또렷또렷 살아있는 의식으로 봐 버리면 그뿐이다. 그러면 모든 삼독심(三毒心)이 저절로 사라진다.

이것이 자연스럽고 수월해지려면 앞 단계의 불이득력(不二得力)의 수련이 필수적이다. 흔히 이야기하는 정혜쌍수(定慧雙修)에 있어서 정학(定學)이 불이득력(不二得力)의 수행이라면 혜학(慧學)은 관불삼매(觀佛三昧)의 수행이다. 일체 관(觀)수행의 결론이 관불삼매이다.

즉, 관불삼매란 부처님을 관해서 삼매에 들어간다는 의미이다. 법당마다 모셔진 부처님들이 다 이 관불삼매의 수행 장치라는 것을 착안하지 않으면 안 된다.

관불삼매에 등장하는 부처님은 가능하면 자비로운 상호가 좋다.

선문(禪門)에서 정관(靜觀)이란 말을 많이 쓰는데 부처님을 친견하는 지침으로 새겨듣지 않으면 안 된다.

(다) 제 3단계 五蘊法身의 수행

오온(五蘊)을 법신(法身)으로 관하는 단계이다. 참선 수행의 세 번째 단계로서 아주 긍정적이면서도 구체적이다.

참선 수행에 있어서 가장 큰 전제 조건은 자신에 대한 무한한 긍정이다. 자신이 자신을 무시하고서는 그 어떤 성취도 있을 수 없다. 그 성취가 지금 구체적으로 드러나게 하는 수행이 오온법신의 수행이다.

전단계의 관불삼매의 수행은 반드시 대상으로서의 부처님이 필요하였다. 그런데 여기 오온법신의 수행은 자기 자신의 모습에서 부처님의 상호를 관하는 것이므로 쉬운 것 같으면서도 실지로는 만만치 않다. 그러므로 여러 가지 방편적 도움이 필요한데 그 가운데 하나가 염주(念珠)의 지참이다. 염주를 들고 지극 정성 관세음보살을 외우면서 자기 얼굴의 윤곽에서 관세음보살의 상호를 찾아 낼 수 있어야 한다. 이 오온법신의 수행은 절을 할 때나 걸음을 걸을 때나 앉아서나 서서나 누워서나 언제 어디서고 때와 장소를 가리지 않고 할 수 있다.

제 1단계, 제 2단계의 수행이 익지 않으면 여기 제 3단계의 수행이 어렵다는 것을 분명히 알아야 한다.

선문에서 흔히 쓰는 성성적적(惺惺寂寂)이란 말은 오온법신의 수련에서 아주 잘 들어맞는다. 성성하면서도 적적한 상태가 염념상속(念念相續) 되어져야 한다.

현재 자기 자신의 사대(四大) 육신에서 관세음보살의 법신을 발견하여 그것을 똑바로 관해야 한다. 그리하면 자기 자신이 관세음보살이요, 부처임을 확신할 수 있게 된다. 이쯤 되면 모든 부정적 에너지는 소멸되고 삶은 지금 상태 그대로 살맛난다. 이 수련이 익어 가면 부처와 잠자리에 들고 부처와 자리에서 일어나며 부처와 함께 활동함의 차원을 넘어서서, 부처가 잠자리에 들고 부처가 일어나며 부처가 활동함을 시시각각 느낄 수 있다.

(라) 제 4단계 禪觀雙修의 수행

선(禪)과 관(觀)을 동시에 닦아가는 마음공부로서 참선수행의 마지막단계이다. 선관쌍수의 단계는 총체적이면서도 결론적이다. 지금까지 수련하여 온 전 3단계가 여기서 큰 결실을 맺는다.

종래의 참선 수행의 발달과정을 살펴보면 화두선이 맨 끝에 등장한다. 이 사실은 화두선 즉, 간화선(看話禪)이 제일 난이도가 높다는 말이기도 하다. 한국불교에 있어서 전통의 맥을 잇고 있는 선풍이 화두선인데, 이 화두선이 세계적이지 못하다는 평을 받는 것은 세상 사람들의 수준이 이 화두선을 소화해 내지 못하는 근기(根機)에 있다고 봐야한다. 그런데 이 간화선의 알파요 오메가는 당연히 시심마(是甚?)화두이다. 시심마 화두의 요체는 '나는 무엇인가?'이다. 모든 화두가 궁극적으로 통하는 길은 시심마에 있다.

이것만 해결되면 다른 모든 화두가 다 풀린다. 내가 내 자신을 알아버렸는데 다른 또 무슨 구구한 설명이 필요하겠는가. 나를 아는 것은 우주를 아는 것이고, 진리를 아는 것이다.

화두가 1,700가지나 된다고는 하지만 실지로 참구할 만한 화두는 몇 가지가 되지 않는다. 거의 대부분의 화두는 공부가 된 상태를 점검하는 소재로만 쓰여야 할 것들이다. 그런 반면, 시심마는 실참(實參) 할 만한 화두로서 아주 요긴하다.

'시심마', '이 뭣고', '이 무엇인가', '나는 무엇인가…….' 참으로 중요한 인생의 숙제가 아닐 수 없다.

그런데, 이러한 중요성을 갖고 있으면서도 시심마 화두는 좀 막연한 감이 없지 않다. 이것은 구체성이 없다는 말이기도 하다. 선관쌍수는 이 점을 고려한 수행이다.

제 3단계의 오온법신 수행 즉, 내 자신을 법신으로 관하면서 '이 관하는 나는 무엇인가' 하고 궁구해가는 수행이 여기 제 4단계의 선관쌍수의 수행이다. 이 수행은 대상으로서의 부처를 보고 있으면서 아울러, 부처를 보는 주체자, 주인공이 무엇인가를 함께 찾는 고도의 정신 수련이다. 이것은 알려진 염불선(念佛禪)과는 판이하게 다르다. 그리고 이미 언급한 것처럼 막연한 시심마 화두와도 차원이 다르다.

선관쌍수의 수행은 그만큼 진입하기 어렵다. 그렇지만 그 결론은 위대할 것이다.

3. 맺는말

공부의 정도, 즉, 정신 수행의 정도를 가늠하는 것은 대단히 중요하다. 이는 곧 세속의 시험과도 같다. 선가(禪家)에서는 주로 점검이라는 말을 사용한다. 이 점검은 수준 있는 선지식의 판단에 의해서 이루어지는 것이 보편적이나 만일 마땅한 선지식을 만나지 못했을 경우에는 '무문관(無門關) 48'칙을 가지고 스스로 체크 해보면 된다.

물론 여기서도 탁월한 안목과 내공이 필요하겠지만 여의치 않을 경우에는 본 저자가 쓴 「점검 무문관」의 해설편으로 자기 점검을 해 볼 수 있다(불교신문 2010년도 연재글, 다음카페 불교인드라망 게재). 단, 참고 할 것은 제 1칙의 무자(無字) 화두를 맨 끝에 궁구해 보기를 바란다.

만일, 무문관에서 소개된 화두를 점검 과정에서 모두 투득(透得)하였을 경우에는 참선 공부가 끝이겠지만 만일 하나라도 걸림이 있을 경우에는 선관쌍수의 수행을 끊임없이 반복해가야 한다. 마지막 단계, 선관쌍수의 수행이 여의치 않을 때는 앞의 제 3단계 수행 모두를 계속 더 해야 할 것은 말 할 필요도 없다.

참선 공부도 일반 사회 공부와 마찬가지로 체계를 밟아야 빨리 갈 수 있고 바르게 갈 수 있다.

책을 마무리 하면서…

현재 우리는 수행의 여러 혼돈, 불자로서의 신행(信行)의 여러 혼돈, 중생으로서의 삶의 여러 혼돈을 경험하고 있습니다.

그래서 이러한 수행서적이 나오기에 이르렀습니다.

우리절 한국불교대학 大관음사가 그 많은 어려움과 우여곡절 끝에 이 시대 도심사찰로서 독좌대웅봉(獨坐大雄峰)한 오늘을 맞았으나 또 다른 원을 세우게 되었습니다.

국내외 〈천개도량 건립〉입니다.

이미 국내외 10여 곳에 도량을 건립하였고 앞으로 계속 불사를 해갈 것입니다.

부족하나마, 이 지중한 불국토건설을 위해 큰 마음 내신 사부대중 여러분들께 이 책을 드립니다.

그리고 본 사찰의 33년의 대결사!

2040년 10월 1일 회향!

33년 대수행정진의 회향이 아름다운 날, 그리 멀리 있지 않습니다.

모두가 자축할 일입니다.

대원성취 부처님들, 한 분 한 분 행복하시기를….

관세음보살

바람도 좋고 달 그림자도 좋은 가을밤에

정진실에서

無一 우학 합장

완벽한 참선법, 선관쌍수 <증보>

글과 그림과 사진 **無一 우학 스님**

초판발생 2003. 10. 10.
증보 2쇄 2013. 1. 20.

펴낸곳 도서출판 좋은인연 book.tvbuddha.org
편집/ 김현미 김소애 손영희 모상미
등록/ 제4-88호
주소/ 대구 남구 봉덕3동 1301-20
전화/ 053.475.3706 ~ 7

ISBN 978-89-86829-63-1 (03220)
가격 13,000원

잘못된 도서는 구입처에서 교환해드립니다.